한 잔의 차가 맛있어지는

메이의 음식 이야기

날 마 다

티

푸 드

메이 지음

b.read

Prologue

차를 마시고 나누는

아름다운 순간이 있기를

10여 년 전 어느 날, 태국에서의 티타임을 계기로 차 공부를 시작하게 되었다. 당시 나는 일과 육아로 지쳐 있을 때여서 출장 중 애프터눈 티를 즐기는 시간이 무척 소중하고 달콤했다. 그런데 태국의 어느 고풍스러운 호텔 1층에서 즐긴 그 티타임의 기억이 내내 마음 한구석에 꺼림칙하게 남았다. 백인들은 여유롭게 차를 마시고, 전통 복장의 태국인들이 시중을 드는 풍경. 그들의 모습도, 그 자리에서 차를 마시는 내 모습도 어쩐지 못마땅하고 불편했다. 내가 차를 공부하게 된 계기는 맛도, 향도 아니었다. 그날의 풍경이었다.

막상 차 공부를 시작하려니 막막했다. 수소문해 한국 차 선생님을 찾아가 배웠고, 일본 다도의 한 종파인 우라센케 서울 출장소에서도 10년 넘게 공부했다. 틈틈이 국내 자료를 찾아 공부하고 외국에 갈 때면 차와 관련된 곳을 찾아다녔다. 그렇게 차를 공부하고 홀로, 때로는 사람들과 함께 차를 마시면서 차의 예절과 형식, 한잔의 차가 주는 맛과 향과 여유와 위로를 맛보았다. 차를 제대로 즐기고 싶어서 차를 우리는 더 좋은 방법, 차를 더 맛있게 만드는 음식을 고민했고, 그러면서 차에 곁들이는 음식, 즉 티 푸드와 차 페어링의 묘미를 알게 되었다.

차를 공부하며 내가 태국에서 느꼈던 불편함의 정체도 알았다. 동양의 찻자리에는 차를 키우고 따서 만드는 그 모든 과정에 대한 존경과 감사의 마음이 스며들어 있다. 차를 기르는 수고와 차를 만드는 수고 그리고 그 차를 우리는 행위까지 모든 단계에 대한 진지한 고민과 감사가 담겨 있다.
반면 서양의 차는 상업화의 결과로 차를 기르는 층과 차를 소비하는 층이 분리되고 약탈과 식민의 문화가 그대로 녹아 있다. 그날 태국에서의 풍경이 바로 그것이었다.

차를 마시며 차의 형식에 대한 생각도 달라졌다. 다도를 보며 언뜻 형식만 눈에 들어와 형식에 얽매여 본질과 멀어지는 것으로 오해하고 비난하는 경우도 있다. 하지만 그 형식이 지닌 의미를 알면 시선이 달라진다.

형식이란 보이지 않는 마음을 표현하는 수단이다. 차를 마시기 위한 준비부터 마무리까지 그 형식 속에는 아름다움과 절제, 배려 등 모든 것이 담겨 있다. 손님을 위한 배려를 고민하는 것은 결국 나를 위한 것이기도 하다.
차를 마시는 시간은 함께하는 사람들, 그리고 내 자신을 대접하고 배려하는 일상의 쉼표, 어쩌면 인생의 쉼표 같은 순간이다.

몇 년 전 〈일일시호일〉이라는 차 영화가 개봉됐다. 하루하루 좋은 날이라는 뜻의 제목. 영화를 보며 생각했다. 우리의 삶이 매일 좋을 수는 없지만 차를 마시는 잠시의 순간처럼 매일 좋은 시간을 누리며 살 수는 있다. 여러분의 티타임이 아름다운 순간이 되도록 돕는 책이 되기를 바란다.

2021년 가을
메이

목차

Prologue
차를 마시고 나누는 아름다운 순간이 있기를   004

티 푸드를 예쁘게 만드는 물건들   018
초보를 위한 차 도구   022
티 푸드가 필요한 이유   026
영국의 애프터눈 티, 일본의 차 가이세키, 우리의 다식   030
차의 종류   032
차 우리기   034
진정한 배려는 편하게 해주기   036

봄

첫물차   042
첫물 녹차와 송화다식   044
차무침   046
벚꽃양갱   048
봄의 아스파라거스   050
진달래화전   052
동백떡   054
건조백설기   056
동백잎초컬릿   058
팥양갱   060
벚나무 잎사귀를 싼 투명양갱   062
와산본과 말차   064
말차 타기   066
된장두부   068
에그타르트   070
당근케이크   072
생크림치즈젤리   074

여름

오이샌드위치	078
참외푸딩	080
투명만주	082
앙금구슬	084
생강녹말다식	086
복숭아차절임	088
채소절임과 녹차	090
중박계	092
원소병	094
간장소스를 뿌린 우무	096
주키니롤	098
퍼지와 홍차	100
크렘브륄레	102
마카롱	104

가을

감	108
무화과샌드위치	110
익힌 무화과	112
호두정과	114
연근양갱	116
율란	118
구리킨톤과 호지차	120
강란	122
크리스털진저	124
단풍튀김	126
서여향병	128
방울토마토	130
말차크림과 쇼트브레드	132

레몬커스터드파이	134
밤스프레드	136
망디앙	138

겨울

유자정과와 녹차	142
우유양갱	144
금귤정과	146
검은깨백설기	148
콩설탕절임	150
두부스프레드와 삶은 연근	152
탕위안	154
육포다식과 보이차	156
고구마절임	158
유자곶감말이	160
별약포	162
산삼병	164
더덕고기전	166
누가크래커	168
보석과자	170
일본식 찹쌀과자와 호우지차	172
스콘과 홍차	174

차를 이용한 음식

말차양갱	178
말차시루코	180
홍차화채	182
홍차푸딩	184
금박녹차젤리	186

여러가지 차 베리에이션

애플티	190
영국식 밀크티	192
로열밀크티	194
차이밀크티	196
딸기오미자차	198
벚꽃차	200
레이어드 티	202
플로트냉차	204
단풍차	206
블렌딩꽃차	208

메이의 차 도구   210

Epilogue   226

티 푸드를
예쁘게 만드는
물건들

벚꽃 절임

소금물에 절인 시판 벚꽃절임 병조림이에요. 겹벚꽃을 따서 진한 소금물에 담가 건져 말리는 과정을 두세 번 반복해야 하는 수고를 덜어주지요. 벚꽃 양갱이나 벚꽃차 등 찻자리를 풍요롭게 해줍니다.

치즈 그라인더

부드러운 치즈를 갈 때 사용하는 도구인데 잣가루를 묻히는 한식 티 푸드에도 유용해요. 잣을 다지는 것보다 곱고 균일하게 갈려서 포슬포슬한 느낌이 나요.

네모난 틀

네모반듯한 제과용 틀은 티 푸드에도 유용해요. 양갱, 보석과자 등 재료를 굳힐 때 사각 틀이 있으면 내용물 손실을 줄이고 모양 잡기도 수월해요.

앙금 팬

밑이 둥근 팬은 보통 사용하는 바닥이 평평한 냄비에 비해 재료가 바닥에 잘 눌어붙지 않아요. 원래 용도인 팥앙금 만들 때는 물론이고 양갱이나 투명만주 반죽처럼 눌어붙지 않도록 잘 저어야 하는 재료를 가열할 때, 과일잼 만들 때도 좋아요.

절구

책에 나오는 율란이랑 동백떡 만들기에 일본식 절구를 사용했어요. 깨를 갈 때도 사용하지만 반죽을 으깰 때, 소금이나 허브를 찧을 때, 생선 살을 다질 때도 유용해요.

나무 강판

판모밀 먹을 때 곁들이는 간 무 아시죠. 그런 질감으로 무를 갈 때 나무 강판을 써요. 나무 강판은 일반 스테인리스 강판에 비해서 입자가 굵게 갈아져요. 이 책의 연근양갱을 만들 때 이 강판을 썼어요. 이걸로 갈면 씹는 맛이 살아 있는 연근양갱을 만들 수 있어요.

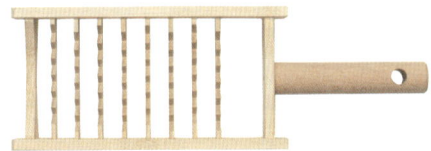

일회용 면포

팥앙금 만들 때처럼 물기 빼는 용도는 물론이고 된장두부 만들 때도 일회용 면포를 사용하면 편리해요. 팥이나 된장이 묻은 면포를 세탁하려면 번거롭고 잘 지워지지도 않잖아요. 차를 냉침할 때도 찻잎을 면포에 올리고 실로 묶어 오므리면, 차를 따라낼 때 따로 거름망을 쓰지 않아도 돼 간편해요.

토치

노릇노릇 그을린 색감의 음식은 먹음직스럽죠. 크렘브륄레 위의 설탕을 녹일 때, 구리킨톤 만들 때 모양을 잡은 다음에 토치로 윗부분을 살짝 그을려 노릇하게 색을 내요. 요리할 때 오븐에서 원하는 만큼 색이 나지 않을 때도 토치로 마무리합니다.

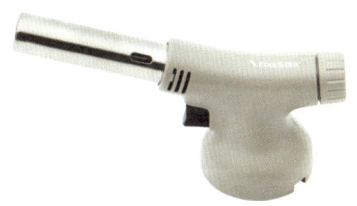

식용 금박

금박은 티 푸드를 품위 있게 변신시켜줍니다. 책에 소개한 강란과 녹차젤리 위에 금박을 살며시 올렸어요. 한 병 마련해두면 꽤 오래 쓰는 금박. 금박 한 점으로 찻자리가 한결 우아해지니 투자할 만해요.

초보를
위한
차 도구

유리 다관

유리로 만든 다관은 차가 물을 만나 우러나는 과정을 그대로 볼 수 있다는 점이 매력입니다. 그래서 저는 유리로 만든 다관을 즐겨 씁니다. 특히 찻잎의 모양이 특이하거나 차를 우릴 때 모습이 특이한 차, 가령 백호은침처럼 물속에서 일자로 서 있는 찻잎을 우릴 때는 유리 다관을 이용해 그 과정을 함께 즐깁니다. 유리 다관은 온도에 조금 민감한 것이 단점인데 최근에는 내열유리로 만든 다관도 나오더라고요. 다관은 보통 물을 끓이는 용도와 차를 우리는 용도로 나눌 수 있는데, 내열유리로 만든 것은 찻물을 끓이는 용도로 사용해도 좋아요. 저는 냉침을 할 때도 유리 티포트를 사용하곤 해요. 시원하고 깨끗해 보이기 때문이죠.

숙우

다관에 우린 차를 옮겨 사람들의 잔에 나눠줄 때 사용하는 도구가 숙우예요. 숙우 없이 다관에서 바로 찻잔으로 옮기면 따르는 순서에 따라 맛이 달라지기 때문에 우린 차를 일단 숙우에 담아 나눠 마시는 것이죠. 숙우는 남은 차를 따라두는 데 쓰기도 해요. 우린 차를 다관에 두면 계속 우러나 차 맛이 써지잖아요. 숙우는 물을 식히는 역할도 해요. 차에 따라 적당한 물 온도가 있는데, 끓는 물을 바로 다관에 부으면 너무 온도가 높거든요. 그래서 숙우에 담아 차에 맞는 온도로 떨어트린 후 다관에 옮깁니다. 숙우는 손잡이가 달린 것도 있고 없는 것도 있는데 써보니 손잡이가 있는 것이 실용적이에요. 뜨거운 차를 담을 때 손잡이가 없으면 좀 뜨겁거든요. 물론 손잡이가 없어도 아무렇지 않은 표정으로 사용합니다(웃음).

개완

개완은 참 재미있는 도구예요. 찻잔과 뚜껑, 차망이 함께 있어 차를 우리고 마시는 기능을 모두 하거든요. 개완에 차를 우리면 온도 조절도 쉽고 세척도 편해요. 저는 혼자 차를 마실 때는 개완을 주로 써요. 다관보다 차 우리기가 편하고 혼자 마실 양만큼 똑 떨어지게 나오거든요. 그래서 개완을 우아하게 잡고 싶은 욕망이 늘 마음 한편에 있어요.

모래시계

차는 우리는 온도와 시간이 매우 중요해요. 모래시계는 차 우리는 시간을 알려주는 도구일 뿐만 아니라 고요히 떨어지는 모래가 찻자리의 운치를 더해줍니다. 보통 모래시계는 3분, 5분 정도로 차 우리는 시간을 기준으로 만들어요. 짧은 시간에 우려내는 동양의 차는 모래시계가 필요 없지만 조금 시간을 두고 우리는 홍차는 모래시계가 있으면 좋아요. 물을 붓고 시계를 보고 있어도 되지만 그러면 찻자리의 여유를 방해받을 수 있으니까요.

티 푸드가 필요한 이유

차의 기원은 중국으로 알려져 있지만 언제, 누가 처음 마시기 시작했는지
정확한 기록은 없습니다. 그러나 차가 약으로 시작해 기호 식품이 되었다는
점은 분명합니다. 실제로 차를 마시면 몸에 미세한 변화가 느껴져요.
빈속에 마시면 속이 쓰리는 등의 신체 반응이 나타나 사람들은 자연스레 음식을
먹은 후 혹은 음식을 먹으면서 차를 마시게 되었습니다.
차가 사회적 만남과 사교의 윤활유 같은 역할을 하면서 차에 곁들이는
다과, 간단한 식사 등도 함께 발달했습니다. 차를 마시기 전, 또는 차와 함께
먹는 음식을 모두 티 푸드라고 부를 수 있는데, 차는 대체로 속을
적당히 채운 후 마셨을 때 그 맛을 더 풍요롭게 즐길 수 있습니다.
차는 정신적으로도 안정과 평안, 각성 등의 반응을 일으킵니다.
차의 종류와 체질에 따라 차이가 있지만 가라앉는 사람은 기운이 나게 해주고,
너무 들떠 있는 사람에게는 안정을 줍니다. 이 상반된 두 가지 기능을
동시에 지닌 것이 차의 놀라움입니다.

차와 음식의 밸런스, 궁합을 페어링이라고 하는데, 음식과 차가 좋은
페어링으로 서로 잘 어울리면 맛이 상승작용을 일으킵니다.
언뜻 비슷해 보이지만 차를 위한 음식인지, 음식을 위한 차인지 그 기준에
따라 페어링이 달라집니다. 한 잔의 차가 지닌 고유한 맛과 향을 더욱
세심히 느끼게 해주고 함께 먹는 음식으로 인해 차가 더 맛있어지는 것.
그것이 티 푸드의 요건이고요. 즉, 차의 맛을 더욱 풍부하게 해주는 것이
티 푸드입니다. 어떤 음식이나 티 푸드가 될 수 있어요. 하지만 음식에 따라
차 맛이 확연히 달라집니다. 가령 떫은맛이 강한 차를 먹을 때 산 성분이
들어간 음식을 먹으면 오히려 차의 떫은맛이 더 도드라지고, 어린잎으로
만든 차를 마실 때 향이나 맛이 강한 음식을 먹으면 차의 맛을 제대로
느끼게 어렵습니다. 음식으로 차 맛이 풍성해지고, 차로 인해 음식이
더욱 맛있어집니다. 이것이 차에 푸드를 매칭하는 이유입니다.
차의 맛은 한마디로 표현하기 어려운 복잡한 맛이에요. 쓰고 달고
복잡 미묘한 맛의 장점이 더 돋보이도록 매칭하는 것이 티 푸드 페어링의
묘미이자 노하우이지요.

영국의 애프터눈 티, 일본의 차 가이세키, 우리의 다식

대표적인 티 푸드 문화가 영국의 애프터눈 티(afternoon tea)와 일본의 차 가이세키(懷石)입니다. 영국의 애프터눈 티는 중국의 차가 유럽으로 전해지며 생겼어요. 보통 오후 3시 30분~오후 5시 사이 간단한 식사와 함께 마시는 차를 뜻하는데, 1840년대 영국의 부유층에서 시작한 것으로 알려져 있습니다. 한가로운 오후에 차를 곁들이며 간단한 식사를 하는 것은 현재 전 세계적으로 알려진 차 문화인데, 역사가 긴 만큼 특별한 형식이 이어져왔습니다. 애프터눈 티라고 하면 3단 트레이에 올린 티 푸드가 떠오르지요. 3단 트레이에 샌드위치부터 달콤한 디저트까지 손으로 집어먹을 수 있는 다양한 핑거 푸드를 올려 내는데 한 입 크기의 핑거 푸드는 차와 함께 먹기 간편하고 차 마시는 자리를 복잡하게 하지 않아서 차의 맛과 찻자리의 분위기를 해치지 않습니다. 그러나 최근에는 유럽에서조차 애프터눈 티를 형식에 따르기보다 자유롭게 즐기는 추세랍니다.

일본의 차 가이세키는 수백 년 동안 내려온 매우 엄격하고 복잡한 문화로, 한 잔의 차를 가장 맛있게 즐기기 위해 그 전에 먹는 식사를 의미합니다. 계절을 느낄 수 있는 식재료를 다양한 조리법으로 만들어 손님에게 최상의 한 끼를 대접하고, 식사를 포함해 몇 시간에 걸친 차회를 진행합니다.

이 차회는 가장 맛있는 한 잔의 차를 위해 진행하는 것인데, 그걸 제대로 구현해내기 위해 지켜야 할 과정과 형식이 무척 복잡합니다. 평생을 바쳐 수련을 해야 하는, 어찌 보면 차를 매개로 한 도(道)이기 때문에 다도라고 표현하지요. 차 가이세키 코스 안에는 계절에 맞춘 아름다운 식사와 위를 깨워줄 달콤한 디저트가 준비됩니다. 이는 단순한 음식이 아닌 하나의 문화이며, 삶의 단면을 깨우쳐 나가는 행위입니다.

영국에 애프터눈 티, 일본에 차 가이세키가 있다면 우리에게는 다식 문화가 있습니다. 다식은 차에 곁들이는 음식을 말하기도 하고 쌀가루나 콩가루 등의 곡물에 꿀을 섞고 다식판에 넣어 모양을 만든 특정 음식을 가리키기도 합니다. 다식이라는 단어를 통해 우리나라의 차 문화가 얼마나 오래되었는지를 알 수 있지요. 우리 다식의 역사는 고려 시대 이전까지 올라갑니다. 지금은 다식 틀에 곡물 가루를 넣어 다식을 만들지만 원래는 으깬 차를 넣어 모양을 만들었기 때문에 다식이라는 이름이 붙었다고 전해집니다. 우리나라의 다양한 차 문화는 사라졌지만 지금도 차를 낼 때 다식을 함께 내는 모습을 볼 수 있습니다.

차의 종류

차는 차나무 잎을 재료로 한 음료를 말해요. 다르질링, 아삼, 치먼 등 차나무 품종과 지역에 따라 이름이 달라지고, 찻잎을 덖거나 찌고, 산화하거나 발효시켜 녹차, 백차, 황차, 청차, 홍차, 흑차등으로 나누기도 합니다. 뿐만 아니라 잎을 따는 시기에 따라 우전, 세작 등 녹차를 부르는 이름이 있고, 일본의 교쿠로차·덴차·센차, 중국의 백차·보이차도 있어요. 차 한 잔을 마시기 전부터 머리가 복잡해집니다. 교쿠로차는 새싹이 올라올 무렵 차양을 쳐서 햇빛을 가려가며 엄격하게 관리해 키우는 고급 녹차예요. 교쿠로차는 감칠맛이 풍부해서 다시마 맛이 난다고도 해요. 센차는 찻잎을 쪄서 말린 녹차로 일본의 대중적인 차입니다. 햇빛을 차단해 키운 후 잎을 따서 줄기와 잎맥을 제거한 차를 고운 가루로 분쇄하면 말차가 됩니다. 요즘 자주 보이는 호우지차는 하급 차를 불에 덖어 구수한 맛이 나도록 만든 차예요. 고급차는 아니지만 구수한 맛이 나서 보리차에 익숙한 우리나라 사람들이 좋아해요. 차의 이름을 아는 것보다 내가 좋아하는 맛을 찾는 게 중요하다고 생각해요. 저는 얼그레이 같은 가향 차보다는 다르질링이나 아삼, 치먼(기문) 홍차나 윈난(운남) 홍차 같은 스트레이트 티를 좋아합니다. 다만 말린 꽃잎이나 과일 조각을 섞은 블렌딩 티처럼 자연스러운 향은 좋아해요. 또 유자병차, 청태전 등 한국의 발효차도 즐깁니다. 발효차는 온도, 환경에 따라 맛이 바뀌기 때문에 같은 재료라도 만드는 사람에 따라 맛이 달라져 흥미로워요.

차 우리기

비발효차는 낮은 온도로 우리고, 많이 발효한 차일수록 높은 온도로 우려요. 보통 녹차는 65℃, 일본의 고급차 교쿠로는 50~60℃, 발효차는 90~100℃로 우려냅니다. 홍차는 95~98℃에서 2~6분 정도 우리고, 찻잎은 물 350ml에 3~4g을 넣어요. 물 1L에 10g 정도라고 생각하면 쉽지요. 냉침할 때는 물 2L에 15g 정도를 넣어 8시간에서 하룻밤 정도 두세요.

물은 오래 끓이지 않는 것이 좋아요. 물을 오래 끓이면 물속의 산소가 적어지니까요. 찻잔과 다관은 모두 미리 데워서 사용하는 것을 기본으로 합니다. 티백도 제대로 우리면 훨씬 좋은 맛이 나요. 머그잔에 우려 먹더라도 뜨거운 물을 먼저 부어 잔을 데운 후 우려보세요. 잎차는 잎을 먼저 넣고 물을 붓는데 티백은 반대로 해요. 티백은 대체로 파쇄한 잎이 들어 있어 잎차보다 짧게 1~2분 정도 우립니다. 티백의 장점은 간편함에 있어요. 그 덕분에 누구나 차를 즐길 수 있게 되어 차의 대중화에 큰 기여를 했지요. 저희 스튜디오에서도 차 수업에는 사용하지 않았지만 실생활에서는 티백 제품들을 섞어서 썼어요. 특히 웰컴용 아이스티를 냉침할 때 쓰면 따로 거르는 과정 없이 티백만 건져내면 되니까 정말 편리합니다.

진정한 배려는 편하게 해주기

티 푸드를 낼 때는 차와 함께 내기도 하고, 순서를 정해 차례차례 내기도 합니다. 어떤 경우라도 가장 중요한 것은 차를 마시는 사람에 대한 배려지요. 차와 티 푸드를 함께 낼 때는 어떻게 놓아야 먹고 마시기 편할지를 고민하고, 순서대로 낼 때는 어떤 차례로 먹어야 더 맛있을지를 고려해서 세팅합니다. 음식에서도 '배선'이라는 단어를 생각해볼 수 있습니다. 배선은 특별한 목적을 위해 가장 안정적이고 효율적인 위치를 정하는 것인데 음식에서는 무엇보다, 먹는 이를 위해 효율적인 배치를 하는 것이 중요합니다. 또 뜨거운 음식은 뜨겁게, 차가운 음식은 차갑게 먹을 수 있도록, 국물이 있는 것은 흘리지 않게 거리를 최소화하는 배려가 바로 배선입니다.

차를 낼 때도 배려의 마음을 담은 배선이 필요합니다.
차와 티 푸드를 세팅할 때는 찻잔을 손에 들어 입으로 가져가기까지의 동선이
너무 복잡하거나 멀지 않게 하는 것이 기본입니다. 저는 차과자와 찻잔을
함께 놓을 때 차과자는 왼쪽에, 찻잔은 오른쪽에서 살짝 위쪽에 배치합니다.
차과자를 집을 때 손이 찻잔을 스치지 않게 하고 찻잔을 잡을 때 차과자를
지나지 않도록 하기 위한 배치이지요. 티 푸드의 형태도 먹기 좋게 한 입
거리로, 가루가 날리지 않는 종류로 준비하는 게 좋습니다. 어떤 음식들이
함께 놓이는지, 손님이 오른손잡이인지 왼손잡이인지도 고려하고요.
그러나 가장 중요한 것은 역시 배려의 마음입니다. 지나친 배려가 오히려
손님에게 불편을 준다면 의미가 있을까요? 때로는 아무 격식 없이 편하게
놓고 얘기하는 찻자리가 좋을 때도 있으니까요.

봄

첫물차

추운 겨울을 지나 차나무의 새순이 올라오는 봄. 새싹이 올라와 잎을 틔우고, 봄이 절정에 이를 때 즈음 햇차를 마십니다. 봄은 여린 잎을 따서 차를 만드는 계절이기도 합니다. 생명이 처음 움트는 봄에만 맛볼 수 있는 차의 맛이 있습니다. 여름에도 가을에도 찻잎은 계속 자라지만 차의 계절은 봄입니다. 오직 봄의 작고 여린 찻잎의 보드라운 감촉과 향을 누리기를 바라봅니다. 보통 하나의 싹에 하나의 잎이 있거나 두 개의 잎이 달렸을 때 차를 따는데 이 차를 가장 처음에 딴다고 해서 첫물차라고 합니다. 봄비가 내리는 곡우(4월 20일 무렵) 전에 딴다고 해서 우전이라고도 부릅니다. 그런데 곡우 전에 차를 딴다는 것은 중국 기준이고 우리나라 일기에는 곡우 후에도 첫물차 찻잎을 땁니다. 그래서 우전보다는 처음 딴 차라는 의미의 첫물차라는 표현을 쓰죠. 첫물차는 여린 잎이 손상되지 않게 가공하는 것이 중요합니다. 작고 여린 잎은 차의 맛을 끌어내기 위해 비비고 덖는 과정에서 찢어지기 쉽기 때문이죠. 따뜻한 물에 곱게 피어나는 어린 잎, 잔 속에서 봄을 만나는 듯합니다.

**첫물
녹차와
송화다식**

봄이 되면 곱디고운 송홧가루가 온 산을 뿌옇게 물들이지요. 송홧가루 다식은 봄을 시작하는 작은 상징입니다. 어떻게 이토록 예쁜 색이 있을까 싶은 봄의 노란빛을 간직한 송화다식과 첫물 녹차는 봄을 만나는 아름다운 방법이에요. 송홧가루는 모으는 것도 어렵지만 그 송홧가루를 정제하는 것도 지난하고 힘거워요. 송홧가루는 워낙 가벼워서 물에 담그면 이물질은 가라앉고 송홧가루만 물에 뜨는데, 그릇을 이용해 물에 뜬 송홧가루를 건져내거나 물 위에 한지를 살짝 댔다가 뗀 후 이 한지를 말려서 한지에 붙은 가루를 털어냅니다. 이렇게 얻은 송홧가루에 꿀을 넣고 뭉쳐요. 저는 봄의 향을 간직한 벚꽃 꿀을 넣어 만드는 것을 선호해요. 송화다식을 만들 때는 모양을 잡을 수 있을 만큼만 꿀의 양을 섬세하게 조절해 넣어야 해요. 꿀을 많이 넣으면 다식 모양을 만들기는 쉽지만 찰떡처럼 진득거리고, 꿀을 적게 넣으면 입안에서 미세한 송홧가루가 느껴져 텁텁합니다. 입속에 들어가서 부드럽게 퍼져 그 온전한 향과 질감을 느낄 수 있는 송화다식과 봄의 첫물차는 봄을 누리는 작은 사치입니다.

재료

송홧가루 50g, 꿀 3~4큰술

만들기

1   송홧가루에 꿀을 넣어 한 덩어리가 되도록 잘 반죽한다.

2   다식 틀에 넣어 모양을 잡는다.

차무침

봄의 첫물차는 굉장히 여리고 고와서 차를 우려 마시고 그냥 버리기에는 참 아쉬워요. 그리고 첫물차의 잎은 맛이 순하기 때문에 차를 우리고 난 후에 다양하게 찻잎을 활용할 수 있지요. 간장과 깨소금, 참기름을 조금씩 넣어 조물조물 무치면 부드럽고 쌉싸름한 맛이 정말 좋습니다. 이 차무침은 조금 맛이 강한 중국차나 발효차의 티 푸드로 즐겨도 좋고, 식사할 때 반찬으로 먹어도 좋아요. 전 흰죽을 먹을 때 이 차무침을 살짝 올리기도 합니다.

재료

새순차 우리고 남은 것 50g, 간장 1작은술, 깨소금·참기름 약간씩

만들기

1 우리고 남은 찻잎을 체에 밭치고 가볍게 눌러 물기를 뺀다.
2 간장, 깨소금, 참기름을 넣어 조물조물 무친다.

벚꽃양갱

내 작은 티 푸드 속에 피어난 벚꽃을 보는 기쁨. 겹벚꽃을 진한 소금물에 담가 살랑살랑 흔들었다가 꺼내어 햇볕에 말리는 과정을 두세 번 반복해 벚꽃 소금절이를 만들어요. 벚꽃 소금절이는 티 푸드에 다양하게 활용할 수 있습니다. 하지만 만들기는 쉽지 않죠. "벚꽃절임"으로 검색하면 시판 제품 구매처가 나와요. 이 벚꽃 소금절이를 따뜻한 물에 담그면 꽃이 핍니다. 먼저 따뜻한 물에 담가 소금기를 뺀 후 따뜻한 한천 물에 넣고 살살 흔들어놓습니다.

재료

벚꽃 소금절이 8~10송이, 물 400ml, 한천 가루 8g, 설탕 240g

만들기

1. 소금에 절인 벚꽃을 뜨거운 물에 흔들어 헹궈 소금기를 뺀다. 물을 갈아 한 번 더 헹군 후에 종이 타월에 올려 물기를 뺀다.
2. 미지근한 물에 한천 가루를 넣어 10분간 불린다.
3. ②를 불에 올려 고루 저어가면서 끓이다가 설탕을 넣어 잘 녹인다.
4. 약한 불에서 점성이 생길 때까지 끓인다.
5. ④를 원하는 용기에 붓고 ①의 벚꽃을 넣어 굳힌 후 먹기 좋은 사이즈로 잘라낸다. 벚꽃을 넣을 때 꽃 모양을 자연스럽게 하려면 꽃을 넣고 살살 흔든다. 굳은 후 자를 때도 꽃 모양을 중심으로 직사각형으로 자르면 모양이 예쁘다.

봄의 아스파라거스

봄날 땅위에 새로 올라온 아스파라거스를 그 모양 그대로 살려 티 푸드로 활용해요. 모양도, 색도 아름답고 맛도 고소해서 봄을 그대로 표현하기에 좋아요. 여린 맛의 백차와도 잘 어울리고, 살짝 쌉사래한 녹차와도 잘 어울리는 티 푸드랍니다.

재료

아스파라거스 2~3개, 소금 약간

만들기

1. 아스파라거스 밑동의 거친 줄기를 필러로 살짝 벗겨낸다.
2. 끓는 물에 소금을 약간 넣고 아스파라거스를 두꺼운 부분부터 넣는다.
3. 20초간 데친 후 찬물에 헹궈 열기를 뺀다.
4. 먹기 좋은 크기로 잘라낸다.

진달래화전

방앗간에서 빻아온 찹쌀가루는 수분을 함유하고 있어서 물의 양을 정확하게 측정하기 어려워요. 물을 조금씩 넣어가며 말랑거리게 반죽해 화전을 만듭니다. 진달래는 봄의 전령 같은 꽃이지만 최근에는 구하기가 쉽지 않아 저는 마당에 진달래를 심었어요. 진달래를 구하기 어려우면 다른 식용 꽃으로 화전을 만들어도 좋아요.

재료

찹쌀가루 300g, 진달래(또는 식용 꽃) 10송이, 물·식용유 적당량, 소금·설탕 약간씩

만들기

1 찹쌀가루에 소금, 설탕을 넣어 방앗간에서 빻아온다.
2 물을 조금씩 넣으면서 귓불 정도의 말랑거림으로 반죽한다.
3 반죽을 동글납작하게 만든 다음 기름 두른 팬에 올려 중약불로 굽는다.
4 진달래꽃을 올려 장식한 후 뒤집는다. 이때 테두리에 살짝 노란 기가 돌며 거의 다 익었을 때 딱 한 번만 뒤집어야 진달래꽃 빛깔이 곱다. 화전은 색이 깨끗해야 예쁘니 파전 굽듯이 노릇하게 익히지는 않는다.

동백떡

오미자를 넣어 분홍색으로 물들인 찹쌀떡에 팥앙금을 넣고 동백잎으로 아래위를 감쌉니다. 이렇게 하면 그릇에 떡이 붙지 않아 먹기 편하고, 봄의 상징인 동백도 표현할 수 있습니다. 밥을 찧을 때는 밥알이 뭉개지면 찰기가 강해져 먹을 때 이에 달라붙고 모양 잡기도 힘드니 밥알 형태가 살아 있을 정도로 찧어주세요.

재료

찹쌀 1컵, 오미자 원액 2큰술, 팥앙금 1컵(60쪽 참조), 동백잎 10~12장, 소금 약간

만들기

1. 찹쌀은 12시간 동안 물에 불린다.
2. 불린 찹쌀은 찜기에 넣어 50분간 찐다.
3. 찐 찹쌀밥을 절구에 넣고 오미자 원액과 소금 약간을 넣어 잘 섞는다.
4. ③의 밥을 절구로 찧되 밥알이 살아 있을 정도로 살짝 찧는다.
5. ④에 팥앙금을 넣어 동그랗게 모양을 만든다.
6. 동백잎을 위아래로 붙여 장식한다.

건조
백설기

백설기는 색이 희고 맛도 깔끔해서 차 맛을 해치지 않아 다양한 차의 티 푸드로 활용하기에 좋습니다. 백설기를 그대로 먹어도 좋지만 가루를 내 다식으로 만들면 색다른 느낌으로 즐길 수 있습니다.

재료

백설기 200g, 꿀 2~3큰술

만들기

1. 백설기는 대충 손으로 잘게 떼어내 수분이 날아가도록 한다.
2. 수분이 날아간 백설기를 분쇄기에 갈아 가루로 만든다.
3. ②의 백설기 가루에 꿀을 넣고 고루 버무린다.
4. 네모난 박스에 비닐 랩을 깔고 ③의 떡 가루를 손으로 꼭꼭 눌러 담는다.
5. 비닐 랩으로 덮고 다시 꼭 눌러 모양을 잡은 후 칼을 이용해 한 입 크기로 자른다.

**동백잎
초콜릿**

겨울의 끝자락에서 봄의 문턱을 넘을 무렵, 동백은 그 이름만으로도 감성에 젖게 합니다. 동백잎은 매끈하고 단정한 모양 덕분에 다양한 디저트에 활용하기 좋아요. 나뭇잎 모양을 그대로 따서 굳힌 초콜릿은 봄을 느끼기에 더할 나위 없습니다.

재료

커버처 초콜릿 100g, 동백잎 또는 동백잎처럼 매끈한 잎사귀

만들기

1 초콜릿을 템퍼링한다.
2 동백잎에 초콜릿을 가볍게 묻힌 후 굳으면 떼낸다.

*템퍼링은 초콜릿에 들어 있는 카카오 버터를 안정적인 결정 구조 상태로 만드는 작업이다. 초콜릿을 가열해 녹였다가 온도를 낮춰 식힌 다음 다시 약간 가열하는 과정을 거친다. 초콜릿 종류에 따라 템퍼링 온도가 다른데 다크 초콜릿은 40~45℃ → 28~30℃ → 30~32℃, 밀크 초콜릿은 43~45℃ → 26~28℃ → 28~30℃, 화이트 초콜릿은 40~42℃ → 26~28℃ → 28~30℃로 진행한다. 1~2℃ 사이로 온도를 맞춰야 하는 섬세한 작업이므로 온도계를 꽂아 확인하며 집중해야 한다.

| 팥양갱

팥양갱은 동양식 티 푸드를 말할 때 가장 많이 떠올리는 것이 아닐까 싶습니다. 팥양갱의 달콤한 맛은 다양한 차와 잘 어울립니다. 양갱은 한꺼번에 많이 만들 수 있기 때문에 많은 이가 모이는 찻자리에도 추천합니다.

재료

팥앙금 300g, 물 200g, 한천 가루 5g, 설탕·물엿 1/2큰술씩

만들기

1. 미지근한 물에 한천 가루를 섞어 10분 정도 불린다.
2. ①을 약한 불에 올려 저어가며 완전히 녹인다.
3. ②의 불을 끈 후 팥앙금과 설탕, 물엿을 넣어서 골고루 섞는다. 팥앙금은 설탕을 넣어 미리 만들어둔 것을 쓰거나 시판 팥앙금을 사용한다.
4. 다시 불에 올려 은근한 불에서 눋지 않도록 저어가며 익힌다.
5. 원하는 용기에 넣어 굳힌다.

팥앙금

재료

팥 200g, 설탕 200g

만들기

1. 팥을 잘 씻어 물에 8시간 정도 불린다. 여름에는 냉장고에서 10시간 불린다.
2. 불린 팥을 솥에 넣고 물을 넉넉히 부어 끓인다. 끓기 시작하면 물을 따라 버리고 다시 찬물을 넣어 팥이 퍼지도록 끓인다.
3. 가라앉기를 기다려 맑은 웃물을 따라내고 찬물을 두 번 정도 부었다가 따라 버리며 식힌 후 거친 체에 내린다. 다시 고운체에 내려 가라앉힌 후 물을 부었다가 따라 버리기를 2회 정도 한 뒤 또 한 번 물을 붓고 면포에 내려 짠다.
4. 냄비에 물기를 뺀 팥소와 설탕을 넣고 바닥에 눌어붙지 않도록 계속 저어가며 졸인다. 냄비 벽에 팥소를 붙여 흐르지 않으면 꺼내 식힌다.
5. 완전히 식으면 비닐 랩으로 감아 냉장 또는 냉동 보관한다.

벚나무 잎사귀를 싼 투명양갱

벚꽃은 그대로 쓰기도 하고, 소금에 절여서 이용하기도 합니다.
벚꽃 소금절이는 예쁘고 맛도 독특해 개인적으로 좋아하는 식재료에요.
봄에 벚꽃잎과 벚나무 잎사귀를 소금에 절여 두고두고 쓰지요.
음식에 사용할 때는 물에 담가 소금기를 뺍니다. 짭조름한 벚나무 잎사귀와 달콤한 양갱을 함께 먹으면 정말 맛있어요. 게다가 아름답잖아요.
티 푸드는 맛만큼이나 모양새도 중요하죠. 아름다운 티 푸드는 먹기 전에 이미 기쁨을 전해줍니다.

재료

팥앙금(60쪽 참조) 1컵, 물 200ml, 한천 가루 4g, 설탕 100g,
시판 벚나무 잎사귀 소금절이 8장

만들기

1 미지근한 물에 한천 가루를 넣고 10분간 불린다. 벚나무 잎사귀 소금절이는 생수에 1~2시간 정도 담가 짠 기를 뺀다. 브랜드에 따라 염도가 다르기 때문에 잎을 떼어 맛보며 원하는 염도로 조절한다.
2 ①의 한천 가루 불린 물을 불에 올려 저어가면서 끓이다가 설탕을 넣고 잘 녹인다.
3 약한 불에서 점성이 생길 때까지 끓인다.
4 바닥이 넓은 용기를 물에 헹군 후 물기를 닦지 않은 채로 ③을 얇게 부어 굳힌다.
5 굳은 투명 젤리를 조각으로 썬다.
6 팥앙금을 먹기 좋은 크기로 동그랗게 만든 다음 투명 젤리로 겉을 감싸 붙인다.
7 소금기를 뺀 ①의 벚나무 잎사귀를 깔고 ⑥을 올려 싸서 먹는다.

와산본과 말차

와산본(和三盆)은 아주 곱게 만든 일본 전통 설탕이에요. 일본은 사탕수수가 생산되기 때문에 전통적인 방식으로 만드는 설탕 제품도 있지요. 와산본이 바로 그것인데, 그야말로 설탕으로 만든 것이기 때문에 무척 달아요. 가루가 섬세해 모양 내기가 쉽고 입에서 사르르 녹는 맛이 즐겁습니다. 물을 살짝 넣고 색을 내 뭉치는데, 소량으로 색을 내려면 색이 아주 강한 것을 써야 해서 보통 식용색소를 사용합니다. 저는 오미자 원액으로 벚꽃잎처럼 옅게 색을 내 벚꽃 모양으로 만들어봤어요. 부드럽게 녹는 달콤한 와산본과 쌉싸름한 말차의 어울림이 봄 같은 맛을 내지요.

말차는 만드는 과정부터 잎차와 달라요. 찻잎을 수확하기 3주 전부터 검은 막을 씌워 광합성을 하지 못하게 막아 여리고 어린 잎을 만들어내지요. 그렇게 검은 막을 씌워 잎을 자라게 한 다음 다시 잎맥을 일일이 제거해 찐 후 건조해서 가루로 만듭니다. 보통의 잎차가 찻잎을 우려 마시는 것과 달리 말차는 가루를 물에 타서 온전하게 다 마시지요. 그러다 보니 우려 마시는 잎차에 비해 맛이 강해요. 처음에는 맛이 너무 써서 익숙하지 않지만 자꾸 마시다 보면 그 매력에 빠지게 됩니다. 말차는 워낙 색이 곱고 맛이 진해서 다른 재료들과 어울림이 매우 좋은 차예요. 말차케크·말차푸딩·말차쿠키 같은 디저트로 만들기도 하고, 커피와 섞어 말차라테를, 팥빙수에 곁들여 말차빙수를 만들기도 하지요.

재료

와산본 적당량, 오미자 진액 약간

만들기

1 와산본에 오미자 진액을 조금 넣고 잘 섞는다.

2 멍울이 지지 않도록 잘 섞은 다음 벚꽃 틀에 넣어 모양을 찍어낸다.

말차 타기

말차는 워낙 미세해서 타기 전에 꼭 체에 한 번 내려야 해요. 그래야 멍울이 지지 않습니다. 말차를 물에 탈 때는 차선이라는 도구가 필요합니다. 보통은 미세하고 섬세한 거품이 균일하게 생기도록 타는 것을 기술로 생각하는데 사실 그것이 그렇게 중요하지는 않습니다. 거품이 섬세할수록 입에 닿는 느낌이 좋긴 하지만 너무 오래 젓다 보면 차의 향이 날아가기도 합니다. 말차를 탈 때는 차선이 오가기 좋도록 사발 모양의 찻잔을 씁니다. 찻사발에 말차를 3g 넣고 80~90℃ 온도의 물을 60ml 정도 넣은 뒤 차선을 이용해 왔다 갔다 하며 차를 녹이면서 탑니다. 이때 찻잔은 미리 데워야 차가 금방 식지 않고 찻잔을 든 손에 온기가 전해져 마음도 편안해집니다.

된장두부	두부를 된장에 재운다는 것이 이상해 보일 수 있는데 두부의 부드럽고 고소한 맛이 발효 식품인 된장을 만나 깊은 맛을 지니게 됩니다. 티 푸드는 달콤한 계열이 있고, 짭조름해서 차 맛을 더욱 풍성하게 해주는 계열이 있는데 된장두부는 후자예요. 자꾸 손이 가서 끊임없이 차를 마시게 만드는 티 푸드이기도 합니다.

재료

두부(부드러운 것, 찌개용) 100g, 시판 일본 된장 4큰술, 청주 2큰술, 일회용 거즈 적당량, 다시마 조림(곁들이, 생략 가능)

만들기

1. 두부는 1cm 두께로 납작하게 썬다.
2. 된장에 청주를 부어 잘 섞는다.
3. 납작한 접시에 된장을 깔고 된장-거즈-두부-거즈-된장 순으로 올린 후 냉장고에 4~5시간 정도 둔다.
4. 거즈를 떼어내 깨끗이 절여진 두부를 낸다. 거즈를 쓰지 않고 만드는 방법도 있다. 두부에 된장을 앞뒤로 고루 발라두었다가 내기 전에 흐르는 물로 살살 닦아 된장을 깨끗이 털어낸다.
5. 두부를 접시에 담고 다시마 조림을 곁들인다.

에그타르트

달걀에 생크림과 우유를 넣어 만든 에그타르트는 달콤하면서도 파이지 덕분에 든든하기까지 한 티 푸드지요. 시판 파이지를 이용하면 만들기가 수월해요. 에그타르트는 향 좋은 홍차와 함께 먹으면 더없이 잘 어울려서 애프터눈 티 차림에 곁들이면 좋아요.

재료

달걀 2개, 달걀노른자 1개, 우유·생크림 1/2컵씩, 설탕 2큰술, 소금 1/3작은술, 너트메그·통후추 약간씩, 시판 냉동 파이지

만들기

1 오븐은 200℃로 예열한다.

2 볼에 달걀을 풀고 우유, 생크림, 설탕, 소금, 너트메그, 통후추 간 것을 넣어 잘 섞은 후 체에 한 번 내린다.

3 파이지는 해동 후 원하는 모양으로 자른다.

4 머핀 틀을 이용해 파이지를 컵 모양으로 만들고 ②의 달걀물을 채운다.

5 예열한 오븐에 넣어 15~20분간 굽는다.

당근케이크

늦은 오후 홍차와 함께 먹는 당근케이크는 나른한 시간을 깨워줍니다.
제주 당근은 달고 맛과 향이 뛰어나 케이크의 맛을 한층 돋보이게 합니다.

재료

밀가루(중력분) 140g, 베이킹 파우더·베이킹 소다 1작은술씩, 시나몬 파우더 1큰술,
달걀 2개, 포도씨 오일 120ml, 설탕 1/2컵, 채 썬 당근 1컵, 소금 1/3작은술,
견과류 1/2컵, 로즈메리 1줄기, 버터크림(크림치즈 200g, 슈거 파우더·버터 100g씩)

만들기

1   오븐은 180℃로 예열하고, 모든 재료를 블렌더에 넣어 곱게 간다.
2   원하는 용기에 ①을 넣어 예열한 오븐에서 30~40분간 굽는다.
3   상온에 두어 부드러워진 크림치즈와 슈거 파우더, 버터를 잘 섞어 버터크림을 만든다.
4   케이크를 먹기 좋은 크기로 썬 후 크림을 바르고 다시 케이크를 올린 다음 크림을 바른다. 로즈메리나 허브를 올려 장식한다.

생크림
치즈젤리

생크림과 크림치즈의 녹진한 맛은 의외로 중국 발효차와 잘 어울립니다. 물론 홍차와도 좋지요. 생크림으로 젤리를 만들 때 보통 우유를 많이 넣지만 크림치즈를 넣으면 훨씬 풍미가 좋아요. 차와 함께 먹으면 입안에서 부드럽게 녹아 차가 더욱 향기롭게 느껴집니다.

재료

판 젤라틴 4장, 생크림 2컵, 설탕 2큰술, 크림치즈 100g, 장식용 과일 약간

만들기

1 판 젤라틴을 찬물에 담가 부드럽게 만든다. 크림치즈는 상온에 두어 부드럽게 만든다.
2 팬에 생크림과 설탕을 넣어 50℃ 정도로 가열해 저어가며 설탕을 녹인다.
3 ②에 크림치즈를 넣어 온도를 유지해가며 잘 섞는다.
4 ③에 ①의 젤라틴을 넣고 잘 섞은 후 원하는 용기에 부어 굳힌다.
5 과일을 올려 장식한다.

여름

오이샌드위치 절인 오이를 식빵에 올린 샌드위치는 영국식 애프터눈 티의 대표적 메뉴예요. 식빵과 오이의 청량한 어울림과 군더더기 없는 모양새가 여름 티 푸드로 제격입니다.

재료
식빵 2장, 청오이 1개, 크림치즈 100g, 플레인 요구르트 50g, 민트잎·소금 약간씩

만들기
1 식빵은 테두리를 잘라내고 2~3분등한다.
2 청오이는 필러를 이용해 길쭉하게 자른다.
3 크림치즈와 플레인 요구르트를 잘 섞는다.
4 빵 위에 ③의 크림을 두껍고 거칠게 바른다.
5 오이를 한 장씩 리본처럼 겹쳐 올리고, 민트잎으로 장식한다.
6 소금을 약간 뿌린다.

참외푸딩

참외로 만든 푸딩에 다시 냉침한 홍차를 자작하게 부어 만드는 티 푸드예요. 푸딩의 달콤함과 쌉싸름한 차 맛이 정말 잘 어우러집니다.

이 시원한 티 푸드와 함께 따뜻한 보이차를 곁들여도 의외로 맛이 어울려서 깜짝 놀라요.

재료

참외 1/2개, 물 1/2컵, 한천 4g, 설탕 3큰술, 식용 금박 약간, 냉침한 홍차 1컵

만들기

1. 참외는 씨를 뺀 뒤 믹서에 물 1/2컵을 넣고 곱게 간다.
2. ①에 한천을 넣고 잘 섞는다.
3. ②를 불에 올려 서서히 가열하면서 설탕을 넣은 후 약한 불로 10분간 끓인다.
4. 원하는 용기에 ③을 담고 식용 금박을 조금 올려 굳힌 후 잘라 잔에 담고 냉침한 홍차를 부어 먹는다.

냉침홍차

냉침홍차는 보통 100:1의 비율로 만든다고 생각하면 돼요.

물이 100ml일 때 찻잎은 1g이 되는 거죠. 그런데 양이 많아지면 찻잎 양을 조금 줄이는 게 좋아요. 500ml일 때는 5g을 넣지만 2L가 되면 15g 정도 넣도록 양을 조절해야 합니다. 물에 홍찻잎을 넣고 냉장고에 8시간 이상 놔두면 냉침홍차가 완성됩니다.

투명만주

칡가루를 이용해 앙금이 투명하게 비치도록 만든 티 푸드로 마치 물속에 잠긴 듯한 색감이 여름과 어울려요. 칡가루 투명 옷은 아무 맛이 없고 앙금의 단맛을 중화하면서 쫀득한 식감을 더합니다.

재료

칡가루 40g, 물 1컵, 설탕 70g, 팥앙금(60쪽 참조) 1/2컵, 비닐 랩, 고무줄

만들기

1 칡가루에 물을 넣어 잘 섞는다.
2 ①에 설탕을 넣어 잘 섞는다.
3 팥앙금은 동그랗게 빚어놓고, 랩은 만주보다 큰 사이즈로 잘라둔다.
4 ②를 냄비에 넣고 잘 저어가며 투명한 하나의 덩어리가 되도록 끓인다.
   농도가 되직해지면서 타기 쉬우니 주의한다.
5 랩 위에 ④의 칡 반죽을 소분해 올린 후 팥앙금을 올린다.
6 랩을 동그랗게 감싸 윗부분을 고무줄로 묶어 찜기에서 중간 불로 10분간 찐다.
7 찬물에 넣어 식혀 완성한다.

앙금구슬 팥앙금에 한천을 넣어 굳히는 보통 양갱과 달리 앙금구슬은 팥앙금 겉을 한천으로 코팅해요. 동글동글 반짝반짝, 특별합니다. 팥앙금은 시판 제품을 써도 되지만 만들면 더 맛있어요. 하지만 과정이 좀 많이 번거로워 티 푸드 클래스에서 방법을 알려드리면서도 시판 제품을 권하기도 합니다.

재료

팥앙금(60쪽 참조) 1컵, 물 1컵, 한천 가루 4g

만들기

1 팥앙금은 동글동글하게 빚는다.

2 미지근한 물에 한천 가루를 넣고 10분간 불린 후 끓여서 녹인다.

3 ②에 ①의 팥앙금에 끼얹어 굳힌다.

생강녹말다식 생강 녹말은 구하기가 어렵지만 다른 녹말과 차원이 다르게 맛이 좋아요. 그래서 번거로워도 생강 녹말을 만들어 씁니다. 녹말을 가라앉힌 뒤 따라낸 윗물은 버리지 말고 요리에 활용하거나 희석해 차로 마셔요. 배앓이하기 쉬운 여름에 생강은 차게 먹어도 배탈이 없는 재료지요.

재료
생강 녹말 1컵, 꿀·물 1큰술씩, 푸른색 식용색소 약간

만들기
1. 생강을 깨끗이 씻어 착즙기에 넣고 즙을 짜 하룻밤 그대로 둔다. 윗물을 따라내고 가라앉은 녹말만 남긴다.
2. ①의 생강 녹말을 기름 없이 팬에 올려 약한 불로 수분을 날린다.
3. 물 1큰술에 푸른색 색소를 살짝 넣어서 푸른 물을 만든다.
4. ③의 푸른 물을 ②에 조금씩 넣고 잘 섞어 원하는 색을 낸다.
5. 꿀을 섞어 점성이 생기게 한 후 원하는 용기에 꼭꼭 박아 모양을 만든다.

복숭아차절임   복숭아는 그냥 먹어도 맛있지만 차에 절였다 먹으면 너무나 맛있어요. 이때 차는 향이 조금 강한 발효차를 사용합니다. 그래야 복숭아 향에 가려지지 않고 제 몫을 하거든요. 발효차는 90~100℃로 우려냅니다.

재료

복숭아(황도 계열) 1개, 찻잎(홍차나 보이차 또는 한국 발효차) 4g, 물 1컵, 설탕 50g

만들기

1 90~100℃ 물 1컵에 찻잎 4g을 넣어 3분간 우린다.
2 ①에 설탕을 넣어 잘 섞는다.
3 복숭아는 껍질을 깎고 먹기 좋게 썬다.
4 복숭아에 ②의 차를 붓고, 1시간 동안 절였다가 낸다.

채소절임과 녹차

여름날 먹는 아삭한 채소절임과 녹차는 시원함을 선사해요. 식빵을 이용해 채소를 절이면 짧은 시간에 깊은 풍미가 나는 절임을 만들 수 있습니다. 티 푸드는 달콤한 음식만 있지 않아요. 보통 채소절임이라고 하면 피클 맛을 떠올리는데 피클은 간장이나 식초 맛이 강하게 나서 새콤달콤하잖아요. 이것은 소금절이라 새콤달콤함 없이 깨끗하게 절인 맛이 나지요.

재료

식빵 600g, 물 1컵, 맥주 350ml, 겨자 2작은술, 소금 3큰술, 오이 1개, 무 2쪽

만들기

1. 식빵은 잘게 부순다.
2. 물과 맥주를 식빵에 조금씩 넣으며 섞는다.
3. 겨자와 소금 3큰술을 고루 섞는다.
4. 오이와 무는 소금 적당량을 문질러 깨끗하게 씻은 후 ③에 넣는다. 오이는 세로로 반 갈라 씨를 파낸 후 4등분하고, 무는 10~15cm 두께로 잘라 8등분한다.
5. 6시간에서 하루 정도 지난 다음 꺼내 먹기 좋은 크기로 잘라 낸다.

중박계

중박계(中朴桂)는 고조리서에 나오는 전통 병과예요. 책에 따라 "중배끼" "중계법" "중계"라고도 기록되어 있는데 보통 중박계라고 부릅니다.
중박계는 밀가루를 튀겨 만든, 소박하면서도 품위 있는 과자예요.
무심한 듯 심심한 맛이 녹차와 매우 잘 어울립니다.

재료

밀가루 2컵, 꿀·참기름 2큰술씩, 물 1/2컵, 튀김 기름 1컵, 소금 약간

만들기

1 밀가루에 꿀과 참기름, 소금을 넣고 물을 섞어 약간 되직하게 반죽한다.
2 반죽한 것을 도마 위에 펼치고 직사각형으로 자른다.
3 뾰족한 것으로 찔러 장식한다.
4 170℃ 기름에 바삭하게 튀긴다.

원소병

우리 전통 음료 원소병(圓小餠)은 어쩌면 이렇게 품위 있는 음료가 있을까 싶을 정도로 아름다운 전통 음식이에요. 경단이 들어 있긴 하지만 음료에 음료를 곁들이는 것이 생소할 수도 있는데요, 카페인이 많은 차를 마실 때는 이렇게 시원한 음료를 함께하면 차를 더 맛있게 즐길 수 있답니다.
티 코스에 샴페인 등의 술을 넣는 것도 비슷한 이유예요.

재료

찹쌀가루 적당량, 따뜻한 물·말차·오미자 원액·녹말가루 약간씩,
시럽(물 1컵, 꿀 1큰술)

만들기

1 찹쌀가루에 물, 말차, 오미자 원액을 각각 넣어 다양한 색이 나도록 익반죽한 뒤 동글동글하게 빚는다.

2 ①의 경단에 녹말을 묻혀 끓는 물에 데친 후 찬물에 헹군다.

3 시럽에 ②의 경단을 띄워 먹는다.

간장소스를   우무는 차가운 질감과 호로록 목 넘김이 즐거운 식재료예요.
뿌린   우무에 간장소스를 살짝 뿌려 냉침한 차와 마셔보세요.
우무   시원한 것들의 마리아주가 특별합니다.

재료

우무 100g, 진간장·청주·맛술 1큰술씩, 식초 1작은술,

매실장아찌(장식용, 생략 가능) 약간

만들기

1   우무는 가늘게 채 썬다.

2   나머지 재료를 모두 잘 섞은 후 채 썬 우무에 뿌리고 매실장아찌를 올린다.

주키니롤

크림치즈를 주키니에 말아 먹으면 예상 밖으로 맛있어요.
부드러운 크림치즈와 주키니의 아삭한 식감도 재밌게 어울리고요.
시원하게 냉침한 차와도 잘 어울리고 우엉차, 돼지감자차, 작두콩차 등
깔끔하면서 고소한 향이 나는 차와도 잘 어울려요.

재료

주키니 1/2개, 크림치즈 50g, 대나무 꼬치

만들기

1 주키니는 필러로 길게 밀어 썬다.
2 ①의 주키니 한 장에 크림치즈를 1작은술씩 놓고 돌돌 만다.
   대나무 꼬치로 고정한다.

퍼지와 홍차

퍼지(fudge)는 설탕, 버터, 우유로 만든 사탕이에요. 설탕이 완전히 녹을 때까지 100℃ 이상으로 가열한 다음 다시 식히면서 되직한 크림 같은 농도로 굳혀 만드는데 질감이 캐러멜보다 훨씬 부드러워요. 티 푸드를 꼭 만들어야 할 필요는 없어요. 맛있는 시판 티 푸드가 얼마든지 있으니까요. 여기에 소개한 퍼지는 영국 브랜드 로다스 제품입니다. 퍼지는 홍차에 무척 잘 어울리는 티 푸드예요.

크렘브륄레

크렘브륄레는 달걀의 비중이 높아야 맛있어요. 생크림의 녹진한 맛과 달걀의 진한 맛이 잘 어우러져야 하고 부드럽게 만드는 것이 중요하지요. 크렘브륄레는 홍차와 많이 먹는데, 복잡한 향보다는 치먼(기문) 홍차나 다르질링처럼 깨끗한 향의 차와 어울립니다.

재료

생크림 250ml, 달걀노른자 4개, 설탕 3큰술

만들기

1 생크림에 달걀노른자와 설탕 3큰술을 넣어 잘 섞는다. 오븐은 180℃로 예열한다.
2 ①을 체에 거른 후 미지근하게 살짝 데운다.
3 오븐 팬에 물을 붓고 ②를 원하는 용기에 담아 올린 후 180℃ 오븐에서 20분 정도 익힌다. 찜기를 이용해 쪄도 된다.
4 완전히 식힌 후 위에 설탕을 살짝 뿌리고 토치를 이용하거나 그릴 기능을 활용해 설탕 부분만 가열해 캐러멜화한다.

마카롱   티 푸드용 마카롱은 필링을 적당히 넣어 두껍지 않게 만드는 것이 좋습니다. 필링이 많으면 부드러운 대신 잘 부서지기 때문에 티 푸드로 적당하지 않아요. 마카롱을 직접 만드는 것이 어렵다면 시판하는 마카롱을 사는 것도 괜찮습니다. 마카롱 만들기는 만만치 않으니까요.
마카롱은 따뜻한 차와 잘 어울려요. 마카롱을 먹고 따뜻한 차를 마시면 입안이 부드럽게 정리됩니다.

가을

감

아마도 최초의 티 푸드는 과일이나 채소였을 거예요. 감은 그 자체로 훌륭한 티 푸드입니다. 감나무와 감은 가을의 정취를 가득 담고 있죠. 감을 먹을 때쯤이면 따뜻한 차가 그리운 계절이고요.

**무화과
샌드위치**

무화과는 원래 대표적인 가을 과일이에요. 부드러운 식빵에 무화과를 넣어 만든 샌드위치는 깜짝 놀랄 만큼 맛있습니다. 무화과는 크림치즈와도 잘 어울리지요. 식빵, 무화과, 크림치즈는 서로의 풍미를 올려주며 모두 부드러운 식감이라 한입 베어 물면 부드럽게 꿀꺽 넘어가요.

재료

식빵 2장, 무화과 2개, 크림치즈 100g, 설탕 1작은술

만들기

1 크림치즈에 설탕을 넣고 잘 섞어 부드럽게 만든다.

2 무화과는 둥근 모양을 살려 동글동글하게 썬다.

3 식빵의 한 면에 ①의 크림치즈를 바르고 동글게 썬 무화과를 빼곡하게 올린다.

4 나머지 식빵 한 장을 덮고 먹기 좋게 자른다.

**익힌
무화과**

무화과를 익히면 단맛이 증폭되고 질감이 부드러워져 마치 아이스크림처럼 맛있어져요. 단지 전자레인지에 돌리는 것만으로 새로운 맛과 질감으로 변신해요.

재료

무화과 1개

만들기

1 무화과 껍질을 벗긴다. 껍질의 결을 따라 꼭지에서부터 아래쪽을 향해 세로 방향으로 벗기면 수월하다.

2 전자레인지에 1분간 돌린다.

호두정과

호두의 고소한 맛이 가득하며 바삭한 호두정과는 우리나라 차와 잘 어울려요. 최근에 많이 나오는 한국식 황차에 호두정과를 곁들이면 단아한 찻자리를 만들 수 있지요. 황차는 약간의 단맛이 돌기 때문에 호두랑 잘 어울려요.

재료

호두 10개, 원당 5큰술, 물 5큰술

만들기

1 호두는 끓는 물에 2분간 데친다.

2 데친 호두의 속껍질을 이쑤시개를 이용해 벗긴다.

3 팬에 원당과 물을 넣고 약한 불로 바글바글 끓인다. 설탕 종류는 물에 녹은 것처럼 보여도 식히면 다시 결정으로 돌아가는 경우가 있으므로 끓기 시작하고 나서 1~2분 정도는 더 끓여야 완전히 녹는다.

4 ③에 호두를 넣고 버무린 후 꺼내 펼쳐 식힌다.

연근양갱 | 차 선생님께 연근양갱을 배운 후 해마다 햇연근으로 만들고 있어요. 연근양갱을 먹어본 사람들은 모두 연근일 줄은 몰랐다며 깜짝 놀라죠. 햇연근의 싱그러움을 그대로 즐길 수 있는 연근양갱은 말차와 곁들이면 좋아요.

재료

햇연근 200g, 물 100㎖, 한천 가루 6g, 설탕 80g

만들기

1 연근은 강판에 곱게 갈아 준비한다.
2 미지근한 물에 한천 가루를 넣고 10분간 불린다.
3 ②를 불에 올리고 ①의 연근을 넣어 잘 섞는다.
4 설탕을 넣고 약한 불에 계속 저어가며 끓인다. 그래야 냄비 바닥에 달라붙어 타는 것을 방지할 수 있다.
5 청이 생기면 원하는 틀에 넣어 굳힌 후 먹기 좋게 썬다.

율란

율란도 우리 전통 과자예요. 만드는 이는 수고스럽지만 먹는 이는 밤을 편하게 먹을 수 있는, 상대를 향한 배려가 가득 담긴 과자입니다.

재료

밤 500g, 꿀 2~3큰술, 소금·계핏가루 약간씩

만들기

1 밤은 찌거나 삶은 후 뜨거울 때 반으로 갈라 속만 파낸다.

2 파낸 속에 꿀과 소금을 넣어 곱게 으깨며 섞는다.

3 으깬 밤을 다시 밤 모양으로 만든 후 아랫부분에 계핏가루를 묻힌다.

119

구리킨톤과 호지차

우리나라에 율란이 있다면 일본에는 구리킨톤(栗金団)이 있어요. 율란은 꿀을 넣어 만드는 데 비해 구리킨톤은 설탕을 넣어 만드는 경우가 많습니다. 그리고 율란은 밤 모양으로 만들지만 구리킨톤은 대체로 추상적인 모양으로 만들지요. 두 가지 모두 가을을 즐기는 다과예요. 구리킨톤은 호지차와 잘 어울려요. 호지차에 맛이 약한 티 푸드를 곁들이면 차 맛에 묻히기 때문에 어울림이 그다지 좋지 않아요. 밤은 본연의 맛이 확실한 음식이라 호지차와 밤은 가을의 정취와 맞춘 듯이 잘 어울립니다.

재료

밤 삶은 것 적당량, 설탕 밤 무게의 15%, 소금 약간, 토치

만들기

1 밤은 삶아서 뜨거울 때 속을 파낸다.

2 절구에 밤을 넣고 설탕과 소금을 넣은 후 잘 으깨며 섞는다.

3 젖은 면포에 올려 모양을 잡는다. 토치로 윗부분을 살짝 그을려 색을 낸다.

강란

강란을 처음 먹었을 때 "어떻게 이렇게 맛있고 품위 있는 과자가 있을까" 하며 좋아하게 되었어요. 그래서 매해 햇생강이 나올 때 강란을 만들지요. 생강의 쓴맛은 사라지고 향이 한가득이라 어떤 차와도 잘 어울려요.

재료

생강 150g, 물 2컵, 설탕 60g, 물엿·꿀 1과 1/2큰술씩, 잣가루 적당량, 설탕물(모양 잡는 용도)·시판 금박 약간씩

만들기

1. 생강은 껍질을 벗기고 블렌더에 넉넉한 양의 물과 함께 넣어 곱게 간다.
2. 곱게 간 생강을 체에 밭쳐 물에 녹말이 가라앉도록 가만히 둔다.
3. 체에 거른 생강 건지는 따로 물에 잠시 담가 매운맛을 뺀다.
4. ③의 생강 건지를 꼭 짠 후 물 1컵과 설탕을 넣어 졸인다.
5. ④에 물엿을 넣어 계속 저어가면서 물기를 날린다.
6. ②의 가라앉힌 녹말을 물 1컵에 넣고 섞는다.
7. 물기가 거의 없어진 ⑤에 ⑥을 잘 섞은 후 꿀을 넣고 좀 더 졸여 수분을 날린 다음 그릇에 담아 식힌다.
8. 완전히 식으면 손에 설탕물을 묻혀가며 원하는 모양으로 빚은 후 금박을 올려 장식한다.

크리스털 진저

한국식 편강에 비해 씹는 맛이 좋은 크리스털진저는 살캉한 질감이 느껴지도록 오래 끓여야 해요. 시럽이 결정화될 때까지 만들면 오래 두고 먹을 수 있어요. 크리스털진저는 티 푸드로 먹어도 좋지만 홍차에 한두 개를 넣으면 은은한 단맛과 생강 향이 더해져 색다르게 즐길 수 있어요.

재료

햇생강 500g, 물 6컵, 설탕 3컵

만들기

1 생강은 껍질을 벗겨 사방 1cm 크기로 자른다.
2 자른 생강에 물 3컵을 넣고 1시간 동안 끓인 후 생강을 건진다.
   남은 물은 생강차로 이용한다.
3 물 3컵과 설탕 3컵을 섞어 끓여 시럽을 만든다.
4 데친 생강에 시럽을 넣고 약한 불에 올려 시럽이 결정화될 때까지 끓인다.

단풍튀김 단풍잎을 튀기면 고소한 맛이 나요. 녹말가루를 묻혀 튀긴 단풍은 마치 늦가을 서리가 내린 듯한 모습으로 가을의 찻자리를 운치 있게 만들지요.

재료

단풍잎 적당량(인원수의 1.5배로 준비), 녹말가루·튀김 기름 적당량

만들기

1 먼지가 적은 곳의 단풍잎을 따서 흐르는 물에 씻고 물기를 닦는다.
2 녹말가루를 살짝 묻혀 넉넉한 기름에 바삭하게 튀긴다.

서여향병 서여향병은 마로 만든 우리나라 전통 음식이에요. 마의 고소함과 꿀의 달콤함을 느낄 수 있는 다과로 우리나라 발효차와 잘 어울린답니다.

재료

마 1개, 꿀 3큰술, 찹쌀가루·잣가루·식용유 적당량

만들기

1 마는 껍질을 벗겨 0.7~0.8cm 두께로 동그랗게 썬다.

2 ①의 마를 찜기에 찐 후 꿀을 넣고 잘 버무린다.

3 꿀에 재운 마에 찹쌀가루를 골고루 묻힌다.

4 기름을 넉넉하게 두른 팬에 ③을 앞뒤로 잘 지진 후 잣가루를 골고루 묻힌다.

방울토마토 차와 함께 먹는 티 푸드는 손으로 가볍게 집어 먹을 수 있는 핑거 푸드가 좋아요. 번잡하지 않아 찻자리가 깔끔하기 때문이지요. 단맛이 적당하고 즙이 있는 방울토마토는 차에 잘 어울려요. 한 입에 먹으니 큰 토마토처럼 즙이 흐르지 않아 티 푸드로 제격입니다. 십자로 칼집을 내서 끓는 물에 데쳐 껍질을 벗겨 내세요.

말차크림과 쇼트브레드

말차크림과 쇼트브레드는 정말 잘 어울려요. 쌉싸래한 말차크림에 쇼트브레드를 먹고 난 후에는 따뜻한 청차 한 잔을 마십니다. 말차 디저트를 먹고 나서 말차를 마시면 맛이 어울리지 않거든요.

재료

가염 버터 100g, 크림치즈 150g, 슈거 파우더 50g, 말차 1작은술, 시판 쇼트브레드 적당량

만들기

1. 버터와 크림치즈는 상온에 두어 부드럽게 만든다.
2. 버터와 크림치즈가 부드러워지면 모든 재료를 합해 휘핑기로 부드럽게 섞는다.
3. 쇼트브레드를 접시에 담고 ②의 말차크림을 곁들인다.

레몬커스터드 파이

티 푸드라고 해서 꼭 가벼워야만 하는 것은 아니에요. 조금 든든한 티 푸드도 괜찮습니다. 새콤달콤한 레몬커스터드를 넣은 파이는 묵직한 맛의 차와 잘 어울려요. 중국 발효차 혹은 인도 홍차를 곁들여보세요.

재료

달걀노른자 2개, 설탕·레몬즙 4큰술씩, 우유 1컵, 박력분·화이트 와인 1큰술씩, 시판 타르트 셸 6~8개, 샐러드용 채소·식용 꽃 약간씩

만들기

1. 볼에 달걀노른자, 설탕, 우유, 박력분, 화이트 와인과 레몬즙 3큰술을 넣어 거품기로 잘 젓는다.
2. 팬에 올려 약한 불에서 잘 저어가며 커스터드를 만든다. 식으면 점성이 좀 더 생기기 때문에 원하는 농도보다 약간 더 묽을 때 불을 끈다.
3. ②를 불에서 내린 후 레몬즙 1큰술을 추가한다.
4. 타르트 셸에 레몬 커스터드를 듬뿍 넣고 샐러드용 채소와 식용 꽃으로 장식한다.

밤스프레드

밤을 오래 졸여 만든 스프레드는 그 자체로도 맛있지만 비스킷이나 빵을 곁들여도 좋아요. 서양식 차뿐만 아니라 동양 차와도 의외로 잘 어울립니다. 비스킷에 생크림을 올려 먹어도 맛있어요.

재료

익힌 밤 속 150g, 우유 1과 1/2컵, 황설탕 30g, 꿀 1큰술, 비스킷 적당량

만들기

1 익힌 밤의 속을 파내 준비한다.
2 우유에 밤과 설탕, 꿀을 블렌더에 넣어 곱게 간 후 약한 불로 푹 끓인다.
  우유는 갑자기 확 끓어 넘치는 경우가 많으므로 약한 불에서 요리한다.
3 ②를 비스킷에 올려 낸다.

| 망디앙 | 초콜릿에 견과류나 말린 과일, 꽃 등을 올린 프랑스 디저트를 망디앙(Mendiant)이라고 합니다. 초콜릿은 부드럽게 녹아 티 푸드로 좋아요. 이때 곁들이는 차는 차가운 것보다 따뜻한 차가 좋지요. 차가운 차를 마시면 초콜릿이 굳으며 이에 붙어 차 맛을 망치거든요. |

재료

커버처 초콜릿 100g, 식용 꽃 약간

만들기

1 커버처 초콜릿은 템퍼링(58쪽 참조)하면서 중탕으로 녹인다.

2 녹인 초콜릿을 짜주머니에 넣어 동그란 모양으로 짠다.

3 식용 꽃을 올려 장식한 후 굳힌다.

겨울

유자정과와 녹차

정과를 만들 때 설탕보다 시럽을 쓰면 농도를 일정하게 맞출 수 있고 남은 시럽에도 향이 남아 다양하게 활용하기 좋아요. 유자 껍질로 유자정과를 만들어두면 1년 내내 차과자로 요긴합니다. 정과를 만들고 남은 유자 과육은 과육과 설탕을 1:1로 넣고 절여서 유자청을 만드세요. 설탕을 붓고 유자 과즙이 다 터져 나오도록 손으로 주물러서 재료가 잘 섞이게 하면 더 맛있습니다.

재료

유자 2개, 시럽 2컵(1:1 비율의 설탕과 물)

만들기

1. 유자의 껍질을 벗긴 후 껍질만 폭 1cm로 길게 썬다. 이때 유자 껍질 안쪽의 흰 부분이 두꺼우면 쓴맛이 날 수 있으므로 살짝 저며낸다.
2. 설탕과 물을 1:1의 비율로 섞어 냄비에 넣고 젓지 않으면서 약한 불로 끓여 시럽을 만든다. 끓기 시작한 뒤로 2분 정도는 더 끓여야 식었을 때 설탕이 결정화되는 것을 막을 수 있다.
3. 냄비에 유자 껍질을 담고 ②의 시럽을 자작하게 부어 끓인다.
4. 시럽이 끓으면 약한 불로 조절한 후 유자 껍질이 투명해질 때까지 끓인다.
5. 껍질이 투명해지면 하나하나 건져서 체에 받쳐 시원하고 그늘진 곳에서 1~2일 정도 꾸덕꾸덕하게 말린다.
6. 원하는 강도로 마르면 밀폐 용기나 비닐에 담아 냉동실에 보관한다.

우유양갱

추억의 '전지분유'의 맛 기억하시지요? 커피 자판기의 우유가 그 맛이었는데 요즘 자판기가 사라지면서 찾기가 어려워요. 그 우유 맛을 그리워하는 사람들 덕분인지 '자판기 우유'라는 가루 상품이 출시되었더라고요. 이 달달한 우유 가루를 이용해 만든 양갱이에요. 이미 단맛이 함유되어 있기 때문에 진하게 타서 한천 가루만 섞어 간편하게 만들 수 있어요.

재료

시판 우유 가루 6큰술(물에 타서 먹을 때보다 2~3배 짙은 농도), 물 1컵, 한천 가루 4g

만들기

1. 미지근한 물에 한천 가루를 넣고 10분간 불린다.
2. 우유 가루를 ①에 넣어 잘 저어가며 약한 불에 끓인다.
3. 납작한 그릇에 담아 굳힌 다음 구름 모양 쿠키 틀이나 원하는 모양의 틀로 찍어낸다.

금귤정과

금귤은 통째로 정과를 만들면 시간도 오래 걸리고 씨가 있어 모양도 깔끔하지 않아요. 반으로 잘라 씨를 뺀 다음 말리면서 모양을 매만지세요.

재료

금귤 20개, 시럽 2컵(1:1 비율의 설탕과 물)

만들기

1 금귤은 반으로 썰어 안의 씨를 빼낸다.

2 설탕과 물을 1:1 비율로 섞어 냄비에 넣고 젓지 않으면서 약한 불로 끓여 시럽을 만든다. 끓기 시작한 뒤로 2분 정도는 더 끓여야 식었을 때 설탕이 결정화되는 것을 막을 수 있다.

3 냄비에 금귤을 담고 시럽을 자작하게 부은 뒤 뚜껑을 연 채로 끓인다.

4 시럽이 끓으면 약한 불로 내려 1시간 정도 더 끓인다.

5 금귤이 투명해지면 하나씩 건져서 체에 밭친 다음 시원하고 그늘진 곳에서 하루 정도 말린다. 이때 손으로 모양을 매만져 예쁘게 만든다.

6 원하는 강도로 마르면 밀폐 용기에 담아 냉동실에 보관한다.

**검은깨
백설기**

겨울의 백설기는 흰눈을 표현하는데요, 여기에 검은깨를 뿌려 그 흰색의 아름다움을 극대화할 수 있어요. 계절의 아름다움을 작은 찻자리에서도 볼 수 있다면 더없이 행복하지요.

재료

멥쌀가루(습식) 500g, 소금 1/2큰술, 설탕 2큰술, 검은깨 약간

만들기

1   방앗간에서 빻은 습식 멥쌀가루를 준비한다. 손으로 쥘 때 물기가 있어 뭉쳐지는 정도여야 적당하다. 물기가 너무 없으면 스프레이로 물을 뿌려 농도를 맞춘다.
2   멥쌀가루에 소금과 설탕을 넣고 잘 섞는다.
3   찜통에 물이 끓으면 찜기에 젖은 면포를 깔고 멥쌀가루를 잘 펴서 올린 후 검은깨를 솔솔 뿌린다.
4   중간 불에서 50분간 익힌 후 면포째로 꺼내 식힌다.
5   원하는 모양으로 잘라서 낸다.

콩설탕절임

티 푸드는 맛만큼 보는 즐거움도 중요합니다. 콩을 당절임할 때는 표면이 쪼글쪼글하게 되는 것을 주의해야 해요. 당을 넣고 나서 단시간에 가열하지 말고 실온에서 서서히 절여야 표면이 매끈하고 예쁘게 절여집니다.

재료

세 가지 콩 60g(백태·흑대·울타리콩 20g씩), 설탕 60g(콩 무게와 동량), 콩 부피 2배의 물

만들기

1 말린 콩은 하루 정도 불리고, 생콩은 그대로 준비한다.
2 세 가지 종류의 콩을 각각 삶는다.
3 익힌 콩을 그릇에 각각 따로 담고, 각 그릇에 콩 부피 2배의 물을 붓는다.
4 ③의 각 콩에 같은 무게의 설탕을 세 번에 나눠 1시간 간격으로 각각 넣고 하루 정도 절인다. 이때 설탕의 무게는 삶기 전의 콩 무게를 기준으로 한다.
5 채반에 밭쳐 물기를 뺀 뒤 그릇에 담아낸다.

두부스프레드와
삶은 연근

부드러운 질감의 두부와 삶은 연근은 서양의 비스킷과 크림치즈처럼 어울림이 좋아요. 동양의 재료라서 그런지 동양 차와 잘 어울립니다.

재료

연근 1/4개, 두부(부드러운 것) 100g, 간장·설탕·청주 1작은술씩

만들기

1 두부를 아주 곱게 으깬 후 분량의 양념 재료를 잘 섞어 으깬 두부에 양념한다.

2 연근은 껍질을 벗겨 0.5~0.7cm 두께로 썬 후 끓는 물에 2분 정도 익힌다.

3 삶은 연근에 ①의 두부 스프레드를 곁들여 낸다.

탕위안

한국의 원소병과 중국의 탕위안은 비슷한 듯 달라요. 탕위안(湯圓)은 주로 달콤한 소를 넣어 만든 경단을 꿀물에 담아내는데, 달달한 맛 덕에 쓴맛이 강한 차와 잘 어울린답니다.

재료

검은깨·설탕 3큰술씩, 잣 2큰술, 꿀 약간, 찹쌀가루 1컵, 따뜻한 물 3~5큰술, 꿀물 적당량(1:1 비율의 물과 꿀)

만들기

1 검은깨, 설탕, 잣은 곱게 간다. 깨와 설탕은 절구에 찧고, 잣은 치즈 그라인더에 간다.
2 ①에 꿀을 조금 넣고 뭉쳐 반죽한 후 지름 3cm 정도의 동그란 소를 만든다. 크기는 원하는 대로 조정한다.
3 찹쌀가루에 따뜻한 물을 넣어가며 되직하게 반죽한다. 찹쌀가루의 수분기에 따라 물의 양을 조절한다.
4 ③에 ②의 소를 넣고 동그랗게 떡을 빚는다.
5 ④를 끓는 물에 넣어 익힌 후 건져 찬물에 헹군다.
6 꿀물을 만든 다음 ⑤의 떡을 꿀물에 담아낸다. 꿀물은 찬 것, 따뜻한 것 원하는 대로 선택한다.

육포다식과
보이차

보통 육포는 질기고 이에 잘 끼기 때문에 티 푸드로 적합하지 않아요. 하지만 육포를 곱게 다져 다식 틀에 찍어내면 모양도 예쁘고 먹을 때 부드럽게 풀어져 먹기도 편한 훌륭한 티 푸드가 된답니다.

재료

육포 100g, 잣·깨 1큰술씩, 꿀 1작은술 ~ 1큰술

만들기

1 육포는 푸드 프로세서를 이용해 곱게 간다.

2 잣은 치즈 그라인더로 갈고, 깨는 절구로 빻는다.

3 갈아둔 육포와 잣, 깨를 섞는다.

4 ③에 꿀을 조금씩 넣어가며 육포를 뭉친다. 이때 꿀을 많이 넣으면 너무 달아 육포의 맛이 약해지니 주의한다.

5 원하는 다식 틀에 넣어서 모양을 만들어 낸다.

고구마절임   껍질을 벗긴 고구마는 절이는 과정에서 풀어지기 때문에 꼭 껍질째 조리해야 해요. 수분이 적은 고구마가 절임을 만들기에 더 적합하지요.

재료

밤고구마 2개, 시럽 2컵(1:1 비율의 설탕과 물), 설탕 적당량

만들기

1 고구마는 깨끗이 씻어 껍질째 1cm 두께로 동그란 모양을 살려 썬다.
2 냄비에 동량의 설탕과 물을 넣고 끓여 시럽을 만든다. 끓기 시작한 뒤로 2분간 더 끓인 후 불을 끈다.
3 고구마를 냄비에 담고 시럽을 부은 다음 약한 불에서 30분간 끓인다.
4 ③의 고구마를 건져 체에 밭쳐 시럽을 뺀다.
5 시럽이 빠지면 설탕을 골고루 묻혀 낸다.

유자곶감말이 우리나라에서 곶감에 호두를 넣어 돌돌 마는 것을 많이 만드는데, 호두 대신 달콤한 흰 앙금과 유자청을 넣으면 식감이 부드럽고 향이 더해져 맛이 더욱 풍성해져요. 곶감은 반건시를 쓰면 더 부드러운데, 이 경우 당겨서 잘 말고 얼린 후 썰어야 잘 썰립니다. 이 티 푸드는 남쪽 지방의 청태전 같은 발효차를 곁들이면 잘 어울립니다.

재료

곶감 3~4개, 시판 흰 앙금 3큰술, 유자청(142쪽 참조) 건더기 1큰술

만들기

1 곶감은 꼭지를 떼낸 후 세로로 칼집을 내 넓게 펴고 씨를 발라낸다.
2 김발에 비닐 랩을 깔고 곶감을 올린 다음 흰 앙금과 유자청 건더기를 올려 김밥처럼 돌돌 만다. 이때 곶감이 서로 약간 겹쳐 빈틈이 없도록 놓고, 가운데보다 살짝 아래쪽에 흰 앙금을 길게 쭉 펴서 올린 뒤 그 옆에 유자청 건더기도 길게 올리고 나서 빈틈없이 꼭꼭 쥐어가며 말아야 모양이 잘 잡힌다.
3 양쪽에 남은 비닐 랩을 사탕처럼 돌려 말아 냉동실에 잠깐 얼렸다가 썰어 낸다.

별약포 별약포는 다진 우둔살을 나뭇잎 모양으로 다듬어 만든 티 푸드예요.
서정성과 운치, 품위를 두루 갖춘 음식으로, 제가 무척 사랑하는 메뉴랍니다.

재료

쇠고기 우둔살(다진 것) 100g, 간장·설탕·깨소금·참기름 1작은술씩,

통후추·식용유 약간씩, 표면이 반들반들한 나뭇잎 적당량

만들기

1 쇠고기는 곱게 다진 것으로 준비해 분량의 간장, 설탕, 깨소금, 참기름, 통후추 간 것을 넣고 살살 치댄다.

2 나뭇잎을 씻어 물기를 닦고 식용유를 살짝 바른 후 ①의 쇠고기를 나뭇잎 위에 얇게 펼쳐 붙인다.

3 칼등으로 살짝 눌러 나뭇잎 잎맥 모양으로 칼집을 낸다.

4 ③을 그늘에서 10시간 이상 건조한다. 먹기 직전에 달군 팬에 기름을 약간 두른 후 잎맥 모양이 없는 면을 올려 살짝 굽는다. 굽지 않고 그냥 먹어도 된다.

산삼병

보통 튀긴 음식은 기름기 때문에 차와 같이 먹으면 차 맛을 제대로 느낄 수 없어요. 하지만 산삼병(山蔘餠)은 튀긴 음식이라도 기름기가 쏙 빠졌기 때문에 티 푸드로 적당합니다. 산삼병을 먹고 차를 마시면 입안이 개운해서 좋아요.

재료

더덕 2~3개, 마른 찹쌀가루 1컵, 튀김 기름 적당량, 잣 3~4알, 솔잎 2개

만들기

1 더덕은 두드리거나 잘라서 원하는 모양을 만든다.

2 3% 염도의 소금물에 ①을 20분간 담가 쓴맛을 뺀다.

3 더덕에 찹쌀가루를 골고루 묻혀 180℃의 기름에서 바삭하게 튀긴다.

4 솔잎에 잣을 끼워 장식한다.

더덕고기전 더덕의 쌉싸래한 맛과 고기의 달착지근한 맛의 어울림이 좋아요.
겨울철 어른들께 차를 대접할 때 함께 내면 환영받는답니다.

재료

더덕 2~3개, 쇠고기(다진 것) 50g, 간장·설탕 1작은술씩, 통후추 약간,
마른 찹쌀가루 적당량, 식용유 적당량

만들기

1 더덕은 두드리거나 잘라서 납작하게 편으로 썬다.

2 ①의 더덕을 3% 염도의 소금물에 20분간 담가 쓴맛을 뺀다.

3 다진 쇠고기에 간장, 설탕, 통후추 간 것을 넣고 잘 섞은 후 더덕에 올려 붙인다.
이때 고기가 떨어지지 않도록 더덕 위에 찹쌀가루를 조금 묻힌 후 고기를 붙인다.

4 ③ 위에 찹쌀가루를 골고루 묻힌 뒤 팬에 기름을 두르고 앞뒤로 지진다.

누가크래커 대만의 대표적인 과자인 누가크래커는 집에서도 쉽게 만들 수 있어요. 티 푸드로 만들 때는 한 입에 쏙 들어가도록 작게 만드세요. 그러면 가루가 날리지 않고 부숴지지 않아 먹기도 편하고 찻자리도 깔끔합니다.

재료

가루 젤라틴 10g, 물 120ml, 설탕 180ml, 물엿 80ml, 소금 약간,

동그란 크래커(조그마한 야채 크래커) 적당량

만들기

1 찬물 60ml에 젤라틴을 넣고 10분 정도 두어 녹인다.

2 물 60ml에 설탕과 물엿을 넣고 120℃가 될 때까지 끓인다.

3 ②에 ①의 젤라틴을 넣고 처음에는 천천히 휘핑하다가 고속으로 올려 하얗게 될 때까지 휘핑한다. 휘핑기를 사용해야 쉽게 할 수 있다.

4 크래커에 ③의 누가를 샌드해 낸다.

보석과자

겉으로 보기엔 딱딱한 사탕 같지만 한입 물면 매우 부드럽게 부숴지는 보석과자. 맛은 오직 달콤함뿐이지만 다양한 색과 모양으로 찻자리에 즐거움을 주는 차과자예요. 마치 어린 시절 장난감 보석 반지 같기도 한 귀여운 모양에 즐거운 상상이 시작된답니다.

재료

설탕 740g, 물 400g, 한천 가루 7.5g, 색을 내는 천연 식품이나 식용색소 약간

만들기

1 미지근한 물에 한천 가루를 풀어 10분간 불린 후 불에 올린다.
2 한천 가루가 녹으면 설탕을 넣고 저어가며 잘 녹인다.
3 설탕이 완전히 녹으면 색소를 넣어 원하는 색으로 만든다.
4 ③을 납작한 용기에 넣어 실온에서 1시간 정도 두어 굳힌다. 시간이 없을 경우 비닐 랩을 씌워 냉장고에 넣거나 쟁반에 얼음을 깔고 용기째 올려 식혀도 된다.
5 굳은 보석과자를 원하는 모양으로 자른다. 이때 비정형으로 자르는 게 더 자연스럽고 진짜 보석 같아 보인다. 우선 칼로 큰 덩어리가 되도록 자른 다음 손으로 뚝뚝 쪼갠다. 또는 작은 쿠키 틀이나 구름 모양, 꽃잎 모양, 나뭇잎 모양의 틀로 찍어도 예쁘다.
6 ⑤의 과자를 상온에서 2일간 두어 표면의 수분을 말린다.

**일본식
찹쌀과자와
호우지차**

찹쌀을 쪄서 만든 일본의 전통 과자. 저는 이 과자를 먹을 때마다 우리나라 음식처럼 느껴져요. 가루를 뭉쳐서 만들기 때문에 사각사각한 식감이 나고, 과자 자체가 부드럽지는 않지만 입안에 넣으면 가루로 쓱 풀리는 느낌이 재밌어요.

재료

불린 찹쌀 200g, 시판 흰 앙금 100g, 흰 설탕 50g,

네모난 틀(사각 그릇, 작은 도시락, 버터 통 등 활용)

만들기

1   찹쌀은 씻어서 2시간 정도 불린 후 김을 올린 찜통에 찐다.
2   채반에 펼쳐놓고 하룻밤 정도 바싹 말려 수분을 날린 후 푸드 프로세서에 곱게 간다. 또는 마른 찹쌀가루 제품을 사서 써도 된다.
3   곱게 간 찹쌀가루에 흰 앙금을 넣고 잘 섞은 후 설탕을 넣어 양손으로 비벼가며 잘 섞는다.
4   네모난 틀에 비닐 랩을 깐 뒤 ③의 가루를 넣고 손으로 꼭꼭 눌러 모양을 잡는다.
5   모양이 잡히면 비닐 랩을 들어 꺼낸 후 먹기 좋은 크기로 자른다.

스콘과 홍차

잘 구운 스콘에 잼과 클로티드 크림을 올린 영국의 대표적인 티 푸드예요. 보통 크림 티라고 부르는 코스에 등장하는 상징 같은 메뉴지요. 클로티드 크림은 버터와 생크림의 중간 정도로, 생크림보다는 되지만 버터보다는 조금 가벼운 느낌이에요. 클로티드 크림의 매력은 바로 이런 점 아닐까 해요. 버터는 많이 먹으면 느끼한데 클로티드 크림은 듬뿍 먹을 수 있거든요. 또 클로티드 크림만으로는 약간 밍밍한데 잼을 곁들이면 환상이랍니다. 스콘의 고소함, 딸기잼의 새콤달콤함, 클로티드 크림의 부드럽고 진한 맛의 조화!

그런데 영국에서도 지역에 따라 스콘에 크림을 먼저 올리느냐 잼을 먼저 올리느냐를 두고 의견이 갈려요. 이것을 두고 '크림티 논쟁(cream tea debate)'이라고 부를 정도로 팽팽하게 대립해요. 마치 우리의 탕수육 '찍먹', '부먹' 논쟁 같달까요. 콘월에서는 잼 위에 클로티드 크림을 올리는 코니시 크림티 스타일로, 데번에서는 크림 위에 잼을 올리는 데번 크림티 스타일로 먹는다고 합니다. 두 곳은 모두 클로티드 크림이 자기네 지방에서 유래되었다고 주장하고 있고요. 국내에서도 이제 클로티드 크림을 구할 수 있어요. 저는 로다스 클로티드 크림을 좋아하는데, 로다스에서 추천한 대로 잼 위에 클로티드 크림을 올려 먹는 코니시 스타일이 맛있더라고요. 저희 스튜디오 푸드 스타일리스트들도 모두 같은 의견이고요. 두 가지 다 경험해보고 취향껏 선택하면 되겠지요.

재료

홍차 6g, 스콘 2~3개, 딸기잼·클로티드 크림 적당량

만들기

1. 티포트에 홍차를 우리고, 스콘과 딸기잼, 클로티드 크림을 접시에 담아낸다.
2. 스콘 위에 딸기잼-클로티드 크림 또는 클로티드 크림-딸기잼 순으로 올려 먹는다.

차를
이용한
음식

차는 그 자체로 훌륭한 식재료라 우려서 마시는 것뿐만 아니라 차를 이용해 다양한 티 푸드도 만들 수 있어요. 찻잎을 재료로 만든 음식 역시 티 푸드로 분류할 수 있는데, 이때 마시는 차는 차 음식과 재료가 겹치지 않게 하는 것이 중요해요. 차 음식을 만들 때는 차의 맛 자체가 너무 흐리거나 섬세하면 조리하면서 맛이 흩어지기 쉬워서 주로 말차나 홍차같이 맛과 향이 강한 차를 이용합니다.

말차양갱

말차는 특유의 진한 향과 맛, 색 덕분에 다양하게 베리에이션하는 대표적인 차입니다. 말차양갱을 만들 때 말차의 색과 향이 잘 살아나게 하려면 흰 앙금을 사용해서 양갱을 만들어야 하고, 말차의 맛이 강하기 때문에 이때 차는 구수한 맛의 차를 함께 마시면 좋아요.

재료

시판 흰 팥앙금 500g, 물 250g, 한천 가루 10g, 말차 1/2큰술, 설탕·물엿 1큰술씩

만들기

1 미지근한 물에 한천 가루와 고운 체에 내린 말차를 섞어 10분 정도 불린다.
2 ①을 불에 올려 약한 불에서 저어가며 완전히 녹인다.
3 ②의 불을 끈 다음 흰 팥앙금과 설탕, 물엿을 넣어 골고루 섞는다.
4 다시 불에 올려 은근한 불에서 눋지 않도록 저어가며 익힌다.
5 ④를 식힌 다음 네모반듯한 틀에 넣어 굳힌 후 한 입 크기로 자른다.

말차시루코

한 그릇에 팥앙금과 푸딩, 경단, 차를 다 함께 즐길 수 있는 티 푸드로, 차를 따로 내지 않아도 이 자체로 티와 티 푸드가 되는 메뉴입니다. 원하는 그릇에 팥앙금(60쪽 참조)을 1~2큰술 정도 넣거나 작은 구슬 모양으로 빚어 2~3개씩 담아요. 여기에 말차푸딩과 경단을 담고 말차를 부어 냅니다.

말차푸딩

재료

물 200ml, 한천 가루 4g, 말차 1작은술, 설탕 120g

만들기

1 미지근한 물에 한천 가루와 고운 체에 내린 말차를 10분간 불린다.
2 ①을 불에 올려 잘 저어가면서 끓이다가 설탕을 넣고 약한 불에서 저어가며 점성이 생길 때까지 끓인다.
3 ②를 원하는 용기에 부어 식힌 다음 숟가락으로 뚝뚝 떠낸다.

경단

재료

찹쌀가루 100g, 물 3큰술, 소금 약간

만들기

1 찹쌀가루에 차가운 물과 소금을 넣고 반죽에 윤기가 나도록 잘 치댄다.
2 ①의 반죽으로 동글동글한 경단을 빚는다. 이때 사이즈를 통일하지 말고 다양한 크기로 만들면 보는 재미가 있다.
3 ②를 끓는 물에 넣고 떠오를 때까지 익힌 다음 찬물에 담가 열기를 뺀다.

말차

재료

말차 3g, 물 60ml

만들기

1 물에 말차를 넣고 차선으로 잘 섞어 탄다.

홍차화채

신맛은 차 맛을 끌어 올리는 훌륭한 장치예요. 딸기의 달콤함과 싱그러움이 홍차에 더해져 새로운 화채를 만들어줍니다.

재료

딸기(또는 다른 과일) 5알, 영귤 1개, 장식용 민트 약간,

홍차(물 3컵, 홍찻잎 10g, 설탕 1/2컵, 영귤즙 1/2개)

만들기

1 분량의 물에 좋아하는 홍찻잎을 넣고 우려낸다.

2 우려낸 홍차에서 찻잎을 건져내고 설탕을 넣어 녹인 후 영귤즙을 넣어 냉장고에서 식힌다.

3 ②에 딸기를 먹기 좋은 크기로 잘라 넣고, 영귤을 얇게 슬라이스해 넣어 10분 정도 재웠다가 낸다.

4 민트잎을 올려 장식한다.

홍차푸딩

홍차를 굳혀 투명하게 만든 푸딩에 다시 홍차로 만든 시럽을 부어요. 푸딩과 시럽에 사용하는 홍차의 종류를 달리하면 다양한 맛을 느낄 수 있어요.

재료

홍차 2컵, 설탕 2큰술, 판 젤라틴 4장, 티 시럽 적당량 (1:1 비율의 홍차와 설탕)

만들기

1. 티 시럽에 사용할 홍차를 우린 다음 설탕과 홍차를 동량으로 섞어 끓여서 시럽을 만든다. 이때 젓지 말고 끓이다가 끓기 시작하면 약한 불로 2~3분 정도 더 끓인 뒤 냉장고에서 차게 식힌다.
2. ①의 시럽을 만든 홍차와 종류가 다른 홍차를 95℃ 물에 우려 2컵을 만든다.
3. 판 젤라틴을 찬물에 담가 부드럽게 만든다. ②에 불린 젤라틴을 넣고 잘 섞는다.
4. ③을 원하는 용기에 부어 냉장고에서 굳힌다.
5. ④의 홍차푸딩 위에 ①의 티 시럽을 올려 낸다.

금박
녹차젤리

녹차를 굳히다 보면 조금 심심하고 재미없는 모양이 되기 쉬워요.
이때 녹찻잎이나 금박을 이용해 장식하면 다채롭습니다.

재료

녹차 2컵, 설탕 3큰술, 판 젤라틴 3장, 우리고 남은 찻잎·시판 금박 약간씩

만들기

1 녹차는 어린잎으로 준비해 70~80℃의 물에 3분 정도 우린다.

2 판 젤라틴은 찬물에 담가 부드럽게 만든다.

3 따뜻한 녹차에 설탕과 ②의 불린 젤라틴을 넣고 잘 섞는다.

4 ③을 원하는 용기에 담은 후 찻잎과 금박을 넣고 저어서 자연스러운 모양으로 흩어지게 한 다음 냉장고에서 1~2시간 굳혀 낸다.

여러 가지
차
베리에이션

홍차에 우유를 타는 밀크티를 비롯해 녹차와 꽃잎을 블렌딩한 것, 홍차에 과일을 넣어 만든 시원한 차 등 차를 다양하게 즐겨보세요.

애플티

사과의 단맛을 충분히 이끌어내기 위해선 오래 끓여야 하지만 차를 오래 끓이면 떫은맛이 도드라져요. 그래서 애플티를 만들 때는 순서와 시간이 중요합니다. 여기에 사용하는 홍차는 단일 산지에서 나온 하나의 찻잎으로 만든 스트레이트 티(straight tea)를 써야 베이스가 깔끔해 사과 향이 돋보여요. 대표적인 스트레이트 티로는 다르질링, 아삼, 치먼(기문), 윈남(운남) 홍차가 있지요.

재료

사과 1/2개, 홍찻잎 6g, 물 500ml

만들기

1 사과는 0.5cm 두께의 편으로 썬다.

2 물에 사과를 넣어 20분간 뭉근히 끓인다.

3 불을 끄고 홍찻잎을 넣어 3분간 우린다.

영국식 밀크티

영국식 밀크티는 우유를 넣는 양에 따라 온도와 맛이 달라지기 때문에 개인의 취향에 맞춰 맛을 조절할 수 있어요. 이때 열변성이 적은 저온 살균 우유를 써야 우유 특유의 비릿한 냄새와 입안에 끈적하게 남는 무게감이 덜해 홍차의 향이 방해받지 않습니다.

재료

홍찻잎 4~5g, 물 350ml, 저온 살균 우유 적당량

만들기

1 물을 98℃까지 끓인다.

2 끓인 물에 홍찻잎을 넣어 3~5분간 우린다.

3 잔에 뜨거운 물을 담았다가 버려 잔을 따뜻하게 데운 후 홍차를 따른다.

4 우유를 곁들여 내 취향에 맞춰 섞어 마시도록 한다.

로열밀크티
이름은 로열이지만 일본식 밀크티예요. 홍차에 우유를 붓는 영국식 밀크티는 차의 온도를 떨어뜨리고 맛을 흐리게 하는 면이 있는데 그것을 보완하기 위해 고안한 방법으로, 요즘 우리나라에서 마시는 밀크티가 대개 이렇게 만든 것이랍니다.

재료

홍찻잎 5~6g, 물 150ml, 우유 350ml, 설탕 3작은술

만들기

1　물에 홍찻잎을 넣어 약한 불에서 5분간 끓인다.

2　①에 우유를 넣고 약한 불에서 계속 끓여 온도를 높이다가 50~60℃가 되면 다시 10분간 끓인다.

3　설탕을 넣고 고루 섞어 낸다.

차이밀크티

인도식 밀크티는 다양한 향신료를 첨가해 먹기 때문에 차의 품질이 그다지 큰 영향을 끼치지 않아요. 식민지 시절 좋은 차가 영국으로 가고 품질이 떨어지는 차를 먹을 수밖에 없던 역사에서 비롯된 차입니다.
하지만 풍부한 향신료의 맛과 뜨끈한 온도가 몸을 따뜻하게 데워주는, 특히 겨울에 보약 같은 차입니다.

재료

홍찻잎 4~5g, 물 200ml, 우유 200ml, 팔각 1개, 정향 3~4개, 카르다몸 2개, 통후추 10알 정도

만들기

1. 물에 홍찻잎을 넣고 약한 불에서 10분간 끓인다.
2. ①에 우유와 각종 향신료를 넣고 약한 불로 10분 정도 끓인다.
우유는 잠깐 눈 돌리는 사이 확 끓어 넘치기 때문에 아주 약한 불로 곁에 서서 지켜보면서 끓여야 한다.

딸기오미자차 오미자는 색이 참 고와요. 찬물에 우리면 색과 맛이 특별해 예로부터 우리의 화채는 오미자 물이 최고였지요. 상큼한 딸기를 넣은 오미자차에서는 봄의 상큼함이 느껴집니다. 초봄, 날씨가 쌀쌀할 때 따뜻하게 먹어도 좋아요.

재료

건조 오미자 10g, 찬물 200ml, 딸기 2알

만들기

1 찬물에 오미자를 넣어두고 16시간 동안 우린다.
2 ①의 오미자차에 딸기를 편으로 썰어 넣고 따뜻하게 데워 낸다.

벚꽃차

소금에 절인 겹벚꽃이 따뜻한 물에서 피어나는 모습은 신비롭고 우아해요. 벚꽃차는 특유의 짠맛과 독특한 향 때문에 처음에는 낯설기도 한데요, 그럴 경우 짠맛을 완전히 빼고 녹차 등에 꽃을 띄워 먹는 방법도 있습니다.

재료

소금에 절인 벚꽃 2송이, 물 200ml

만들기

1. 따뜻한 물에 절인 벚꽃을 한 번 가볍게 흔들어서 헹궈 짠기를 뺀다.
2. 차로 만들 따뜻한 물에 ①의 벚꽃을 넣고 흔들어 낸다.

| 레이어드 티 | 레이어드는 음료의 비중을 이용해 재미를 주는 것으로 컬러를 다양하게 활용해 찻자리에 재미를 줄 수 있어요. 재료의 양은 전체를 10으로 봤을 때 시럽, 주스, 무가당 탄산수를 2 : 4 : 4로 맞추면 됩니다.

재료
레몬 시럽(물 1/2컵, 레몬즙 1컵, 설탕 300ml, 레몬 껍질 약간),
크랜베리 주스·무가당 탄산수 적당량, 장식용 꽃이나 잎 약간

만들기
1 분량의 물에 레몬즙과 설탕, 레몬 껍질을 넣고 끓여 레몬 시럽을 만든다.
2 컵에 비중이 높은 순인 레몬 시럽-크랜베리 주스-무가당 탄산수 순서로 붓는다.
3 꽃이나 잎으로 장식한다.

| 플로트냉차 | 찻잎과 과일을 넣어 가열하면 단시간에 맛을 끌어낼 수 있지만 원하지 않는 맛까지 우러나와 쓴맛과 떫은맛이 강해져요. 냉침은 시간이 오래 걸리지만 싱그럽고 향긋한, 원하는 맛만 추출된다는 것이 장점입니다.
과일과 허브를 띄워 내서 플로트(float)라는 이름을 붙였어요.

재료

딸기·라임·레몬 등 좋아하는 과일 100g, 홍찻잎 10g, 물 1과 1/2L

만들기

1 찬물에 홍찻잎과 잘게 썬 과일을 넣어 하루 동안 냉장고에 둔다.
2 찻잔에 따라 낸다.

단풍차

단풍은 가을의 상징이지요. 단풍잎을 우려낸 차는 상큼한 맛이 나요. 단풍차는 차의 풍경으로 계절을 느낄 수 있는 운치 있는 차입니다.

재료

깨끗한 곳에서 채취한 단풍잎 2~3장, 물 350ml

만들기

1 깨끗한 곳에서 갓 딴 단풍잎을 흐르는 물에 씻어 물기를 닦는다.

2 95℃로 끓인 물을 한 김 식힌 뒤 ①에 부어 3분 정도 우려낸다.

블렌딩꽃차

꽃차는 맛과 향이 섬세하기 때문에 다양한 차와 블렌딩하기 좋아요.
계절마다 나오는 다양한 식용 꽃을 이용해 차를 만들어보세요.
녹차의 섬세한 색과 맛은 꽃의 맛과 향, 모양을 더욱 돋보이게 하기 때문에 홍차보다는 백차나 녹차와 블렌딩하는 것을 추천합니다.
블렌딩꽃차를 만들어 병이나 나무 상자에 담아 선물하면 꽃의 색깔과 향이 좋아 아름다운 선물이 됩니다. 만들기와 보관이 쉬워 더욱 좋은 선물이지요.
〈행복이 가득한 집〉 잡지에서 정기 구독자 선물로 보내기도 했어요.

재료

좋아하는 식용 꽃 20~30송이, 녹찻잎 50g

만들기

1 식용 꽃은 깨끗이 씻어 물기를 뺀 후 상온에서 하루 정도 두어 수분을 없앤다.
2 달군 팬에 기름종이를 깔고 ①의 꽃을 아주 살짝 덖는다.
3 ②와 녹차를 섞어 블렌딩꽃차를 만들어 선물한다.

메이의
차 도구

돌냄비

보통 찻물을 끓이는 것으로는 주전자를 생각하게 되는데, 흔히 '곱돌이'라고 부르는 이 오래된 돌냄비는 찻물을 끓이는 용도가 아니었을까 생각합니다. 오래전부터 집에 있어온 것이어서 정겨운 데다 왠지 투박하면서 매끈하고, 두꺼우면서 섬세하고, 차가운 듯하면서 따뜻해서 이 냄비에 물을 끓이면 기분이 좋아집니다.

전기 화로

숯을 피워 물을 끓일 수 있다면 좋겠지만 요즘은 그렇게 하기는 너무 어렵죠. 보통 전기로 된 화로에 물을 끓이는 데 최대한 단순하면서 간단한 디자인의 제품을 찾아 사용하고 있어요. 최근에는 심플하면서도 기능을 잘 갖춘 제품들이 나와서 반가워요.

사발

밥이나 국을 담는 데도 쓰고, 차를 담는 용도로도 사용하는 사발은 개인적으로 좋아하는 차 도구예요. 특히 밑으로 가면서 좁아지는 형태의 우리나라 사발은 그 수려한 모양이 볼수록 정감 가고 텅 빈 공간에 한 점만 놓여 있어도 아름다움이 빛을 발하죠. 조선 시대에 사용되었던 백자와 고려 시대의 청자, 현대 작가들의 사발도 모두 좋아합니다.

다관

다관(茶罐)은 차를 우리는 도구예요. 찻자리에는 2가지 주전자가 필요해요. 물 끓이는 것과 차 우리는 것이에요. 차 우리는 것을 다관이라고 부르는데, 주전자처럼 생긴 다관도 있지만 그렇지 않은 모양도 많아요. 우리는 차의 종류에 따라 다관의 재질이나 사이즈가 달라지고, 손잡이의 모양에 따라서 횡파형 혹은 일자형 등의 이름으로 나뉘어요. 손잡이가 옆으로 붙은 횡파형 다관은 전 세계에서 우리나라와 일본에서만 사용하는 특이한 디자인이에요. 일본에서 처음 만들었고, 일제강점기 이후 우리나라에서 차 도구를 만들 때 별다른 고민 없이 일본 다관을 따라 만들기 시작했기 때문에 우리도 많이 쓰고 있죠. 그래서 횡파형을 우리 전통 다관으로 생각하는 분들이 많은데 이 점은 좀 안타까워요. 다관을 쓰다 보면 본인이 더 편하고, 차 스타일에 따라 맞는 것을 선택할 수 있으니 경험해보세요.

자사호

세계적으로 가장 유명한 다관이 자사호가 아닐까 싶어요. 자사호는 중국의 오랜 찻주전자이자 매우 특별한 주전자예요. 자사호는 중국 이싱 지방에서 나오는 흙으로만 만들어야 자사호라고 부를 수 있고 형태와 모양, 색에 따라 이름이 매우 다양합니다. 그래서 자사호에 대한 공부를 하는 사람들이 많아요. 저도 따로 자사호 특별 과정을 공부했어요. 그렇게 공부를 해도 여전히 어려운 것이 자사호예요. 자사호는 누가, 언제 만들었는지에 따라서 가격이 천차만별이고 가품도 정말 많은데, 잘 만든 가품은 전문가도 쉽게 구분하기 어렵다고 합니다. 자사호에는 찻물이 배어들기 때문에 하나의 자사호에 하나의 차만 마십니다. 이 차 저 차 섞어 우리면 자사호에 남아 있는 차 맛이 섞여버리기 때문이죠. 그러다 보니 차를 마시다 보면 자사호를 여러 개 소장하게 돼요.

퇴수기

차를 맛있게 마시려면 온도가 매우 중요해요. 어느 온도의 차를 좋아하느냐는 개인차가 있지만 뜨거운 것은 뜨겁게, 차가운 것은 차갑게 대접하는 것이 기본이에요. 찻물 온도를 적절하게 유지해 가장 맛있는 온도의 차를 대접하기 위해, 퇴수기를 사용해요. 차 도구 데운 물을 버릴 때, 찻잔을 헹굴 때도 필요한 그릇이지요. 퇴수기는 정해진 제품이 있는 것이 아니라 어떤 그릇이라도 사용할 수 있어요. 오히려 개인적인 추억이 담긴 그릇이면 더 좋지요. 제가 주로 사용하는 퇴수기는 엄마가 나물을 무칠 때 사용하던 오래된 그릇이에요.

차탁

보이차처럼 뜨거운 온도로 우리는 차는 다관 위로 뜨거운 물을 부어가며 차를 우려요. 또 차를 우리다 보면 물이 떨어지기도 하지요. 이럴 때 밑으로 물을 받을 수 있도록 차탁을 씁니다. 그런데 이 차탁은 너무 크거나 찻자리와 어울리는 디자인이 없을 때도 있어서 저는 종종 접시를 대신 쓰기도 해요.

찻잔

저는 찻잔이 찻자리 미감의 하이라이트라고 생각해요. 찻잔은 차에 따라 종류를 달리한다고들 하는데 차를 마셔보니 그런 구분이 큰 의미가 없더라고요.
커피 잔은 좀 오목하고, 홍차 잔은 넓적해야 한다는 식의 원칙보다 어떤 차를 어떻게 즐기느냐를 고려하는 게 중요해요. 예를 들어 가향 차는 두 번째 우리면 맛이 현저히 떨어지니 딱 한 번만 우려요. 그러니 마실 만큼 한 번에 담기 위해 찻잔이 조금 크면 좋고요. 여러 번 우려내는 차는 잔이 크면 많이 마셔야 해서 부담스러우니 작은 것을 쓰는 식이지요.

찻잔 받침

찻잔을 받치는 용도로 써요. 뜨거운 잔을 받쳐서 잡기 좋고, 손님에게 좀 더 대접하는 느낌을 줄 수 있어요. 서양의 잔은 찻잔을 받치는 소서(saucer)가 같이 있는데, 도자기끼리 부딪치는 걸 꺼려 하는 동양에서는 대체로 찻잔만 만들거나 나무 등 다른 재질의 받침을 만들지요. 저는 단아하면서도 깨끗한 모양의 받침을 원하는데 찾기가 쉽지 않더라고요.

일본식 찻사발과 비단 찻잔 받침

일본식 찻사발을 '라쿠다완'이라고 불러요. 우리 찻사발과 모양이 다르지요. 우리 것이 밑으로 갈수록 좁아지는 형태라면 라쿠다완은 일자로 떨어지는 모양이고, 말차용 찻잔입니다. 일본 차를 집대성한 일본 차의 아버지 센 리큐가 처음 만든 이 찻사발은 조선의 기와공이 기와를 만드는 모습을 보고 아이디어를 얻었다고 합니다. 보통 도자기와 달리 반죽을 쳐서 만들었대요. 조선의 옹기와 기와, 일본의 라쿠다완 그리고 중국의 자사호는 만드는 방식이 유사해요.

찻사발 아래 깐 것은 '고부쿠사'라고 부르는 일본 다도에서 사용하는 비단 소재의 받침이에요. 보통 계절감을 표현할 수 있는 꽃이나 눈 등의 문양이 새겨져 있어요. 주로 말차 다완을 받치는 용도로 사용하는데, 뜨거운 찻잔을 잡을 때도 도움이 되고, 찻사발의 굽으로 찻상이나 테이블이 긁히는 것도 방지해줍니다.

대나무 차선

가루로 된 말차를 탈 때 꼭 필요한 도구로 말차가 물에 잘 녹을 수 있도록 해주는, 말하자면 현대의 거품기 같은 용도의 도구예요. 이 차 솔을 차선이라고 불러요. 제품에 80수, 100수 등 숫자가 적혀 있는데 숫자가 커질수록 대가 많아지고 차가 풍성하게 잘 타져요. 하지만 차 솔이 과하게 풍성하면 조금은 경박한 느낌도 들기 때문에 숫자가 너무 높은 제품은 잘 쓰지 않아요. 80수나 100를 추천해요.

홍차 잔

아마도 차의 매력에 빠진 이들이 가장 먼저 눈독 들이는 것은 홍차 잔이 아닐까 싶어요. 흔히 홍차 잔이라고 불리는 입구가 넓은 잔은 다양한 브랜드에서 출시하고 있는데, 많은 양의 차를 한 번에 마시게 되기 때문에 차를 우리는 다관 역시 찻잔에 맞게 커야 해요. 최근에는 소량의 물에 몇 번이고 차를 우리는 경우가 많아서 이렇게 큰 크기의 홍차 잔을 잘 사용하지 않기도 하지만 그래도 여전히 차 애호가들의 눈을 사로잡는 품목이죠.

향합과 사탕합

찻자리를 풍성하게 만들기 위해 차뿐 아니라 다양한 즐길 거리가 있으면 좋아요. 단, 차 아닌 것이 너무 요란하면 차가 죽기 때문에 적당히 차의 정취를 이끌어줄 정도가 좋다고 생각합니다. 합은 뚜껑이 있는 그릇을 말해요. 제가 합을 좋아하는데 찻자리에 향과 사탕을 넣어둘 합을 올릴 수 있어 즐거워요. 본래 합으로 나온 것뿐만 아니라 자신의 스타일에 맞는 뚜껑 있는 그릇을 합으로 활용해도 됩니다.

차통

어떤 차든 직접 만든 것이 아니라면 포장된 차를 사용하게 마련이지요. 평소에는 적합한 저장 용기에 차를 보관하지만 손님 앞에 차를 내갈 때는 저장 용기 그대로 가지고 나가기보다 그날 마실 만큼의 차를 계량해 차통에 담아내요. 이런 섬세한 마음과 정성이 찻자리의 분위기를 좋게 합니다.

찻숟가락 또는 차시

집게로 차를 잡으면 차가 으스러질 수 있어요. 잎으로 된 차나, 가루로 된 말차나 차를 뜨려면 숟가락이 필요하죠. 찻자리의 분위기나 차의 종류에 따라 다양한 찻숟가락을 사용합니다.

Epilogue   **메이를 추억하며**

메이는 내게 동생 같고 딸 같고 친구 같았다. 바쁜 중에도 궁중음식과
궁중병과과정을 제대로 배우고, 배운 것을 좋아하는 이들에게 전달하려고
많은 노력을 했다. 선후배들을 연결하려는 수고도 마다하지 않았고,
음식 분야의 직업에 관심 있는 젊은이들을 모아 강의하는 자리도
마련해주어 뜻깊은 시간을 가졌던 기억이 난다.
메이는 한국 음식의 색감과 디자인에 반하여 이를 여러 방면으로
응용하고자 했다. 이 책에서도 우아한 한과를 우리 차와 함께 멋지게
소개를 했다. 어느 해, 신년이라고 업게 연로들을 초대해 집안에서 내려오던
레시피로 햄버그스테이크를 만들어 식사를 대접했던 따뜻한 사람,
차 한 잔을 내도 정성을 다해 곱게 차려내던 사람.
이제 그녀의 바람을 담았던 책〈날마다 티 푸드〉가 봄바람에 실려와
선물처럼 주어졌다. 두고두고 추억으로 간직하게 될 것이다.
"메이야, 고맙다."

한복려 궁중음식연구가

조카가 여럿 있지만 메이 선생과 유독 가까웠다. 정이 많고 따뜻한 사람. 신혼 초 시어머니를 모시고 살았는데 토요일이면 가방을 싸서 할머니 뵈러 와 자고 가곤 했다. 내게 동생도 없고 해서 시댁 조카가 아니라 살가운 여동생 같았다. 가족 모임에서 밥을 먹고 난 뒤 커피 대신 우리 차를 냈는데 그것을 눈여겨보더니 알고 싶어 했다. 내가 문화센터에서 강의를 하면 찾아와서 듣고, 한국 차, 일본 차, 서양의 차를 두루 공부했다. 차에 관한 잡지사 인터뷰를 함께 해 기사가 실린 추억도 있다. 티 푸드를 참 단아하게 잘 만들었고, 특히 메이 선생이 만든 벚꽃양갱은 참으로 예뻤다. 우리나라 티 푸드 중 최고라 할 만한 송화다식을 맛보고 입안에서 퍼지는 그 느낌을 고스란히 누릴 줄 아는 섬세한 사람이었다. 음식을 하던 사람이라 하나를 배우면 바로 소화해 새로운 것을 선보였다.

강화도에 집을 짓고 나서 나는 마당에 매화나무를 심었다. 녹차를 우린 다음 매화꽃을 따서 띄워 마시면 향기롭고 아름답다. 차에 멋을 더하는 것이다. 메이 선생도 연희동 주택 마당에 나무와 꽃을 심어 찻자리로 끌어들였다. 차의 풍류를 알고 즐길 줄 아는 사람, 유작으로 남긴 이 책에 그런 차의 시간, 차의 순간이 담겨 있다.

안영주 한국 차 전문가

내일을 상상하기 어려울 만큼 급변하는 시대에 차를 배우겠다고 찾아온
젊은 사람이 있었다. 카메라를 손에 들고 차에 필요한 모든 것을 익히겠다는
진지한 눈빛으로 도장에 들어왔던 첫 만남을 기억한다. 메이 선생은 그렇게
시작해 더딘 시간을 꾸준히 지키며 10년을 채웠다. 신년이나 우라센케 행사가
있을 때면 지인들을 찻자리에 모셔와 다도를 소개했다. 일이 바쁜 중에도
매주 우라센케 도장에 나와 일상의 쉼표를 찍듯 공부하고, 공감하며,
감탄하면서 환하게 웃던 사람.
계절에 따라 정성스레 고른 재료를 손질하고 조리해 어울리는 그릇에
담아내던 모습, 특히 그릇의 공간을 절묘하게 활용하며 과하지도 모자라지도
않게 장식하는 감각이 탁월했다. 이 책에서나마 그의 손길을 되새겨본다.

이춘실 다도우라센케 서울출장소

프랑스 디저트를 전공하고 가르치고 글 쓰는 일을 하면서도, 늘 차에 대한 아쉬움과 고민이 있었다. 마냥 좋아하는 마음으로만 접근하기에는 스스로 부족하다는 생각이 들었고, 주변에 차 전문가들이 많아 위축되기도 했다. 몇 년 전 선생님이 작업실을 이전하며 나를 불러주셨다. 다달이 일본 출장을 가던 내가 현지에서 늘 찾는 곳들이 다실이나 차 과자를 파는 공간, 브랜드 일색이다 보니 본인이 긴 호흡으로 공부하고 가까이한 차의 세계로 나를 이끌어주고 싶은 마음이셨지 않나 싶다. 김시영 작가의 흑유 찻잔, 우라센케의 새해 오픈 하우스, 입안에 쏙 넣고 녹여 차의 여운과 함께 즐기는 라쿠간. 나는 선생님을 통해 참 많은 것을 배웠다.

선생님의 차분한 성정은 붓꽃 향이 나는 것 같았다. 어느 해 5월 선생님이 추천한 오가타 고린의 붓꽃 그림을 도쿄 네즈 미술관에서 보았다. 혼자 전시를 보고 정원을 거닐면서 곱게 핀 붓꽃 무리의 보랏빛에 감탄했고, 그 감동을 조금이라도 선생님께 전하고 싶어 고린의 화집과 붓꽃 향을 선물로 드렸다. 전문 직업인으로서 끝없이 자아 성찰을 하고, 후배들에게 청사진을 제시하고자 많은 시도를 하는 선생님의 모습을 보며 나 자신을 되돌아보기도 했다. 이제 선생님의 잔향을 간직한 채 앞으로 나아가야 한다.

아쉽고도 아쉬운 마지막 작업이 된 티 푸드 책 안에는 메이 선생님이 전하고 싶어 하던 차의 대중화와 계절의 과실, 감미, 향, 맛을 담은 티 푸드 이야기가 가득하다. 이 기록을 담아낸 찻자리에 함께해주시리라는 바람으로, 5월의 붓꽃을 닮은 선생님을 떠올려본다.

김혜순 푸드 콘텐츠 디렉터

날마다 티 푸드

초판 1쇄 인쇄	2022년 5월 23일
초판 1쇄 발행	2022년 5월 30일
초판 2쇄 발행	2023년 5월 23일

지은이	메이(김유진)

펴낸곳	브.레드
책임편집	이나래
요리 어시스턴트	안주희, 이지원
교정교열	전남희
사진	김잔듸(516스튜디오)
디자인	성홍연
마케팅	김태정

출판 신고	2017년 6월 8일 제2017-000113호
주소	서울시 중구 퇴계로 41길 39 703호
전화	02-6242-9516
팩스	02-6280-9517
이메일	breadbook.info@gmail.com

ISBN	979-11-90920-20-9
값	18,000원

*이 책의 인세는 저자의 뜻에 따라 전액 결식아동을 위해 기부합니다.

T E A   F O O D